新生代美术教育家书系 主编/尹少淳

损耗：美术课程与教学的距离

佟蒙 著

西南大学出版社
国家一级出版社 全国百佳图书出版单位

图书在版编目（CIP）数据

损耗：美术课程与教学的距离 / 佟蒙著. — 重庆：西南大学出版社，2024.1
ISBN 978-7-5697-1483-8

Ⅰ.①损… Ⅱ.①佟… Ⅲ.①美术课—教学研究—中小学 Ⅳ.①G633.955.2

中国国家版本馆CIP数据核字（2023）第228671号

新生代美术教育家书系　主编　尹少淳
损耗：美术课程与教学的距离　　佟蒙　著
SUNHAO：MEISHU KECHENG YU JIAOXUE DE JULI

责任编辑	/	戴永曦
责任校对	/	袁　理
整体设计	/	宋　宇　王正端
出版发行	/	西南大学出版社（原西南师范大学出版社）
地　　址	/	重庆市北碚区天生路2号
邮　　编	/	400715
网上书店	/	https://xnsfdxcbs.tmall.com
电　　话	/	(023)68860895
传　　真	/	(023)68208984
经　　销	/	新华书店
排　　版	/	黄金红
印　　刷	/	重庆康豪彩印有限公司
成品尺寸	/	170mm×240mm
印　　张	/	12.5
字　　数	/	210千字
版　　次	/	2024年1月 第1版
印　　次	/	2024年1月 第1次印刷
书　　号	/	ISBN 978-7-5697-1483-8
定　　价	/	88.00元

本书如有印装质量问题，请与我社市场营销部联系更换。
市场营销部电话 / (023)68868624　68367498
西南大学出版社美术分社欢迎赐稿。
美术分社电话 / (023)68254657　68254107

序

任子弹落，让子弹飞

● 尹少淳

首都师范大学美术学院教授，博士生导师

春夏秋冬，寒暑冷暖，日出日落，昼白夜黑，生物因寒暑而变化，因昼夜而动伏，不觉岁月如水，生命已至尽头。如此代代繁衍，生生不息，演绎着生命的故事，演奏着生命的乐章，给静寂之宇宙增添了无尽的生气和温暖。

独人为智慧之生物，乃发明"时间"以为衡量岁月之尺度，秒、分、时、日、周、月、年、世纪……于是"时间"成为自觉，既往可以扼腕叹息，未来可以引颈期待。以"时间"为参照和想象，可以加速，可以延缓。时间虽然是客观的，也是主观的，时间会因为我们的心情、态度而产生种种变化。时间如一间房子，或空空荡荡，或密密塞塞，或空或塞，端赖人之所为。

"代"是个时间概念，可以是历史划分的时期，譬如时代、世代、古代、近代；也可以是世系的辈分，譬如上一代、下一代。何谓一代，却并不确定。一代可以是数百年、数十年甚至数年、数月，信息时代之代际时间跨度越来越短。相对不同的事物，"代"的涵义并不相同。战机可以分为第一代、第二代、第三代，现在最先进的战机已臻第五代。

介乎于第四代和第五代,甚至出现了四代半战机。无线上网的标准乃根据上网之速率、容量及稳定性来划分,在经历了几代的发展之后,现在已经到了5G,而且6G指日可待。虽然每一代的差别难以明确界定,但代际之间都会有台阶性的进步。

人是如何分代的呢?就家族而言,以吾辈为参照,父母是一代,其上的祖辈是一代;儿女是一代,其下的孙辈又是一代。过去的人结婚早,生育早,四代同堂的现象不鲜见;现在的人结婚晚,生育迟,即使更加长寿,四代同堂的现象同样并不鲜见。学人的分代,虽然跟年龄相关,但更体现为师承和集群的意义。一般而言,老师和学生应该属于两代学人的关系,比如季羡林先生与钱文忠先生作为师生应该算作两代学人了。所谓集群,则指在一个学术时代,有一群学人在一个学术现象和学术高峰中共同发挥着"加薪添柴"的作用。就如同20世纪50年代至80年代中期的"美学热"时出现的朱光潜、蔡仪、李泽厚、王朝闻、高尔泰等学人,尽管年龄差别很大,而且其中如朱光潜在20年代第一次美学热的时候就已经能呼气为云了,但依然可以从集群的角度归为一代。

取名"新生代美术教育家书系",自然需要弄清楚什么是"新生代"。

"新生代"首先是一个自然科学的概念,主要在地质学上运用。"新生代"主要指距今6500万年地球历史上最新的一个地质年代。其前期被称为中生代，中生代的结束以恐龙的灭绝为标志。新生代时期形成了被称为新生界的地层，以哺乳动物和被子植物的高度繁盛为特征，生物界逐渐呈现了现代的面貌。所谓新生代，也即现代生物时代。作为社会意义的概念，"新生代"的用法广泛而模糊。"新生代歌手""新生代农民工""新生代作家"……都是我们耳熟的说法。概而言之，在社会学的语境中，新生代是一个相对的概念，相对于老一代而言，大致指称最新的一代，朝气蓬勃，富有锐气和创新精神，或许又隐含着些许不成熟的意味。

在美术教育理论研究领域的"新生代"又是何指呢？

不可否认，中国的美术教育研究自近代以来就出现过一些卓有贡献的美术教育理论家，如姜丹书、丰子恺等。但在前期，代与代之间并不存在"泾渭分明"的现象，似乎从1949年之后，代际的轮廓才开始变得略微清晰。尽管如此，我还是主张以一种模糊的态度加以区分，因为这样可以避免一些因认识上的差异而产生的争议。1949年以后的第一代美术教育理论家差不多已经作古，第二代中的一部分人也已谢世，在世的一般都在70岁以上。第三代在60岁左右，抵近或超过退休的年龄，将要或已经陆续离开工作岗位。此后一代的理论家大致就是我意指的"新生代美术教育家"了。

这套书系的作者，也即所谓"新生代的美术教育家"，他们大致有如下特点：其一，年龄跨度较大，最大的40多岁，最小的30岁左右；其二，基本上在高校从事美术教育的教学和研究工作；其三，大多数有博士或硕士学位；其四，也是最重要的是他们对美术教育怀有深沉的感情并具有深刻的认知和丰富的经验。

清人赵翼《论诗》中有云："李杜诗篇万口传，至今已觉不新鲜。江山代有才人出，各领风骚数百年。"当代社会，知识更新速率加快，折旧速率同样加快，"江山代有才人出"可谓至理，"各领风骚数百年"倒未必真实。关于代际的关系的表述，还有我们所熟悉的一句俏皮话："长江后浪推前浪，前浪拍死沙滩上。"我倒更倾向于一个不俗的比喻："任子弹落，让子弹飞。"一代代学人就像前面的子弹被后面的子弹顶着飞出枪膛，先是加速度，最终上演的是"强弩之末"的悲剧，落了了一个它该落的地方。子弹飞出枪膛是勇猛的，落在一个地方同样是悲壮的。无论是"江山代有才人出""长江后浪推前浪"，还是"让子弹飞"，历史复演同样的悲喜剧，但正是在这种悲喜剧中，人类社会却真真切切地发展了。

世界毕竟是新一代的，对他们应该期待、包容、支持和鼓励，为的是让人类社会的大舞台不断出现新的面孔、奇的景观，保持不绝的生气和永恒的魅力。"新生代美术教育家书系"编辑出版的目的正在于此。

对新一代的美术教育家的理论研究成果是可以期待的。我一直认为，在一个学人的成长中，最值得关注和珍视的是其处女作。因为几乎所有的处女作都具有"厚积薄发"的特征，体现为最高程度的智慧、积累、精力、体力的集中喷射，闪烁着耀眼光芒，弥散着灼人的温度。而以后的著作可能因为功利的目的或受其他力量的支配，在原来的学术积累消耗殆尽而未及补充的情况下，勉强地"挤压"而成，其力度和高度往往远逊于处女作。这当然是一般的现象，不可一概而论，尤其不能绝对化。只要排除干扰，努力积累，认真研究和写作，后面的著作依然可以是出类拔萃的，甚至超越处女作而爬至新的高峰。这两种情况在这套书系中都存在，我们当然希望是正面意义的存在。

这套书系研究的问题涉猎广泛，包括：美术教育学的哲学研究，中国美术教育的历史研究，学校的设计教育研究，美术教师专业发展研究，美术教师教育专业改革研究，校外美术教育研究，非物质文化遗产与美术课程研究，中国传统文化与美术教育研究，美术教育的文化研究，信息化与美术教学设计，基础美术教育中的知识、课程与教学研究，艺术本位与美术教育研究……在这些研究中，"新生代"们各有侧重地运用了哲学思辨法、调查法、观察法、文献研究法、实验法、实证研究法、定量分析法、定性分析法、跨学科研究法、个案研究法等现代研究方法，反映出这些学者都具有良好的理论思维能力和驾驭不同研究方法的能力。当然，方法毕竟是方法，更重要的是研究中闪烁的智慧之光，显示的真知灼见。因为我们见过太多的用"科学的"研究方法来证明一个"平庸且了无新意的思想"的现象。幸好在这套书系中并没有出现这种现象，每位作者都能坚持独立的思考，进行独立的判断，大胆提出一些具有启迪性的思想和新颖有效的方法，值得我们关注和追踪。"文无第一，武无第二"，应该说各位"新生代"的研究成果，并无高下之分，却有特色之别，揆诸全部著作中之思想和方法，我的判断是各自的理论体系是自洽的，依恃的学术品质是优秀的。

人生短暂，故而令人嗟叹，嗟叹之中哲学乃生，宗教乃成，因为哲学、宗教直追人生之终极目标：人为何而生？如何于短暂之生涯中获得永恒的价值？希望这套书系让我们的"新生代"获得些许作为"新生代"的成就感，感悟到生命的价值，在未来的日子里让"子弹"加速地飞，候俟新的子弹飞起来，让我们落在该落的地方，将终生无憾无悔。"任子弹落，让子弹飞"，世事如斯，人生如此。

稍贡刍见，谨布数语，以声援"新生代"之进步与发展，亦盼中国美术教育理论繁荣昌盛，蔚为大观。

是为序。

损耗：美术课程与教学的距离

目录 CONTENTS

壹 [第一章]

1 绪论
- 2 第一节 研究缘起
- 3 第二节 关键概念界定
- 9 第三节 研究内容、方法及局限
- 12 第四节 文献综述

贰 [第二章]

15 课程在教学中损耗的必然性探究
- 16 第一节 源于教育理念代差的损耗
- 35 第二节 "应试教育"取向引起的课程损耗
- 40 第三节 "课程损耗有益"之辩

叁 [第三章]

43 美术课程在教材中的损耗
- 44 第一节 美术课程损耗与教材的关系
- 51 第二节 各版本教材对课程标准的实现——以小学一年级上学期教材为例
- 64 第三节 其他国家与地区教材中素养培养的启示——以创造力为例
- 76 第四节 教材损耗的产生原因分析

肆 [第四章]

79 教学实施过程中的损耗探析
　80　第一节　教师对课程目标的理解及损耗分析
　106　第二节　教学案例解析与课程损耗情况的考察

伍 [第五章]

125 应对损耗的方法探索
　126　第一节　美术课程损耗主要形式、原因及应对的探索
　128　第二节　美术教育管理系统的思考——建立"交流平台"
　133　第三节　不同国家课程标准中"培养体系"的对比

　146　**参考文献**
　151　**附录**

壹 [第一章]

1 绪论

2　第一节　研究缘起

3　第二节　关键概念界定

9　第三节　研究内容、方法及局限

12　第四节　文献综述

第一节 研究缘起

教育领域最重要的两个问题，就是课程与教学。课程是学习内容与时间的安排；教学是课程的实施，最终使学生达成预设的教育目的。但是，由于对课程体系不理解，实施过程中出现了各种各样的问题与不合理现象。研究者在分析此问题时，多被这些问题、现象吸引，往往没有探讨这些问题究竟造成了多少无法实现的课程，对预设的教育目的有多大的"损害"。

如果把课程标准与教材当成一部宝典，为什么有些教师"照方抓药"，却效果不佳？有些教师另辟蹊径，却为人称颂？在缺乏课程标准、教材要求的教学条件下，美术课是不是理应停课？笔者觉得解答这些问题最简单的答案是：实现课程标准，就要实现其中的课程目标。其他部分都是为了达成目标的建议，要将其理解为达成课程目标的一些例子，不需要照搬。课程目标未达成的部分就是"课程损耗"，目标建议中未达成的部分则不算损耗。按这样理解课程标准的实施，就可以知道实际教学中，哪些问题造成了损耗，哪些行为是有益的调整。

笔者曾有幸跟随农村中小学民间美术进课堂的"蒲公英行动"项目组，到达偏远民族地区农村中小学。通过实地考察发现当地美术课程的损耗十分严重，同时，上述地区民族文化流失现象也非常严重。虽然有少量优秀教师利用当地独特的文化和自然资源开设了优秀的美术课，对学生了解、热爱、保护本民族文化起到一定的作用，但是相比于当地庞大数量的中小学生来说，起不到根本性的改变作用。如果各个学校美术课都能开齐开足，且能达到课程标准的要求，那么对当地的文化保护、文化旅游产业的发展都会有巨大的推动作用。

在对教师的访谈过程中，可以明显感到他们对美术课程现实度的不满和作为一位美术教师的无奈。部分教师觉得自己空有美术教育的理想，却又因现实中存在的种种问题而无法实现。随着研究的深入，笔者与业内专家、学者及优秀的一线教师接触越来越多，发现创造性地解决那些"不可能解决的问题"并非不可能。只是对大部分教师而言，他们虽然知道美术课程标准的存在，也想学习那些优秀教师的方法，但对于如何像优秀教师那样把一节课上好感到迷茫。面对众多的教学理念、策略、方法、建议，他们反而不知道学什么、怎么学才能达到目的。笔者渐渐感到如果能够将"成功实现课程标准"当成一个实现的标准，将未达成的部分视为一种"损耗"，应该能够为教师理解问题和实施教学提供一定的帮助。

第二节 关键概念界定

一、对损耗的理解

（一）损耗的定义

辞海中对损耗一词的定义为："①损失消耗。《汉书·东方朔传》：'上乏国家之用，下夺农桑之业，弃成功，就败事，损耗五谷，是其不可一也。'②能量在转化和传导过程中，输入能量和有效输出能量的差额。是输入能量在转化和传导中所损失的部分。③工农业产品在生产、储运、销售过程中，由于各种原因，如蒸发、锯割、沾污、变质、裂漏、短秤等所造成的损失部分。"[①]

依据现代主义课程观，本文对损耗一词的理解主要是"制定目标"与"目标完成度"之间的差距。比如：制定好的目标只达成了一半，那么损耗率就是50%。但在后现代课程观中，比利时物理学家普利高津提出的耗散结构理论对损耗的理解却与此不同。

[①] 辞海编辑委员会. 辞海[Z]. 上海：上海辞书出版社，2009：2180.

（二）后现代课程观对损耗的理解

后现代课程观对损耗问题的理解，与物理学有较大的联系。"损耗"一词，也是一个物理学、光电学、工程学术语，其定义为：绝对温度与熵增之积。过程的任何不可逆性都有熵增，因而必然导致损耗。1865年，克劳修斯（Rudolf Clausius）提出了"热力学第二定律"。第二定律与第一定律的主要区别在于：在第一定律中，系统是封闭的，能量是恒定的；而在第二定律中，系统是开放的，虽然宇宙的总能量恒定，但能量会"耗散"到更广阔的框架——整个宇宙乃至苍穹之中。[①]

借鉴这一物理学理念，多尔在《后现代课程》一书中指出：比利时物理学家普利高津据此提出了'耗散结构'，推翻了牛顿主义与现代主义的范式——我们不再假定宇宙是静态的，只有通过外力才能推动。相反，我们视创造为不断进行的自然的内在过程。在此，新的和更为复杂的结构和过程自发且自我生成地出现于先前的交互作用之中。在一个创造性的宇宙中，秩序并非预先确定随后又被迫解体；相反，秩序不断地产生于无形之中……[②]

在普利高津的"耗散结构"提出之前，皮亚杰也提出自己对"系统"的看法。在《发生认识论原理》一书中，他驳斥了传统认识论关于影响认识形成的三种因素：物理环境、遗传和社会环境，并提出了"平衡化"与"自我调节"。他认为：现代生物学中涉及的生命体的"自我调节"，在认识过程中也存在。

普利高津所提出的"耗散结构"与皮亚杰的"自我调节"理论的不同之处在于：普利高津认为人类"自我调节"并非必要的，而是通过自然界中的"自组织"完成的，即使没有人类的调整，

---

① 小威廉姆·E. 多尔. 后现代课程观[M]. 王红宇，译. 北京：教育科学出版社，2000：143.
② 小威廉姆·E. 多尔. 后现代课程观[M]. 王红宇，译. 北京：教育科学出版社，2000：145.

自然界中通过耗散而形成的开放系统,本身就有平衡能力。他在《确定性的终结》一书中指出:"秩序只有通过自组织才能维持。自组织系统能够适应普遍的环境……自组织系统比传统人类技术优越……"[①]

这种物理学思想范式的更新,引起了人类看待宇宙与自身方式的改变,亦为教育理念带来了巨大的变化。这种后现代主义的哲学观点与认知心理学的发展一并成为后现代课程观理论的起点。如果把系统中的每个个体都视为一个独立的恒星,那么每个个体都在燃烧中与其他"星体"交换着自己的热量和质量。在不断的交换与变化中取得系统的平衡,以及使整个系统获得更多的产出与交换,这就是后现代课程观对损耗问题的理解。因此,在后现代课程观中,损耗还有另外一层意义——耗散,这并不代表"未完成目标",而是对课程内容的发散与交换。从后现代课程理论来看,这种耗散本身就是文明创造的契机。

二、对课程有关概念的理解

(一) 素养

辞海中对"素养"一词的第一条释义为:"经常修习涵养。《汉书·李寻传》:'马不伏历(枥),不可以趋道;士不素养,不可以重国。'亦指平日的修养。如:艺术素养;文学素养。"

现代汉语词典中,对素养一词的解释为:"平日的修养"。

可以看出,各种解释对素养的理解都包括两个要素:一是经过长期培养所得的收获;二是培养所得的结果比较宽泛,有可能是实践技能(偏重动手),也有可能是知识技能。

结合安德森、加涅、布卢姆对学习目标的分类(表1–1),除

[①] 伊利亚·普利高津. 确定性的终结——时间、混沌与新自然法则[M]. 湛敏,译. 上海: 上海科技教育出版社,1998: 56.

了比较偏重记忆的言语、陈述类知识，其他相对复杂的学习收获，应该都属于素养培养的范畴。

表1-1 三个认知目标分类系统中的知识、技能与能力概念比较[①]

	安德森知识分类	加涅认知学习结果分类	修订的布卢姆认知教育目标分类
知识	陈述性知识	言语信息	处于记忆和理解水平的四类知识
技能	程序性知识：包含认知技能与动作技能	智慧技能、认知策略和动作技能	达到运用以上水平的概念性知识、程序性知识、反省认知知识
能力	陈述性知识和程序性知识的总量	由言语信息、智慧技能、认知策略（含元认知）和动作技能构成	四类知识在不同认知过程水平上的表现

（二）"课程内容""课程目标"与"课程"

1.三个概念的定义

教育大词典中"课程"的定义为："为实现学校教育目标而选择的教育内容的称谓。"其中，既包括学生在学校教育所有收获与经历的活动，也包括这一教育内容的时间安排。

辞海对"课程"的定义为："课程：①功课的进程。《朱子全书·学六》：'宽著期限，紧著课程。'②广义指为实现各级各类学校的培养目标而确定的教育内容的范围、结构和进程安排。狭义指教学计划中设置的一门学科。"

教育大词典中"课程目标"的定义为："课程本身要实现的具体目标。期望一定教育阶段的学生在发展品德、智力、体质等方面达到的程度。主要有四类：（1）认知类，（2）技能类，（3）情感类，（4）应用类。"

[①] 吴红耘. 修订的布卢姆目标分类与加涅和安德森学习结果分类的比较[J]. 心理科学, 2009 (04): 994-996.

教育大词典中"课程目标"的定义为:"按照课程目标选择和组织的课程基本材料……"阿普尔认为,课程内容或知识的选择与分配,不是技术性的问题,而是阶级、经济、文化权力之间相互作用的结果。

课程内容只是达成目标的媒介。但是,在教材编写与教学实施过程中,却可能因为内容列得比较清晰明了,而只着重实现内容,往往忽略了让学生达成课程目标,这才是美术课程标准实施的关键。

2."课程损耗"与课程目标、课程内容的关系

从"课程"的定义来看,其主要意义是指学生在学校教育所得的全部收获,更接近"课程内容"的概念。在新中国成立以后,相关部门也正是将全部的教学内容列在大纲中,在教学过程中将其一一实现。

大纲中主要列出的是学生需要掌握的知识、技能。随着素质教育的提出,课程需要达成的目标逐渐由确定的"知识、技能"(其特点为:可以列出、可以明确检测)向不确定的"能力"转化。2001年以来的课程改革,课程标准中不再以列举"课程内容"为主,而是指明某一年龄段、某一学习领域中学生需要掌握的课程目标有哪些。所以,在新的课程标准中,最核心的内容是各学段、各学习领域所列出的课程目标,其次才是借以实现课程目标的课程内容、教学方法、评价方法。后者在课程标准中的出现形式为"教学活动建议""评价要点"。

由于课程标准将文本中出现的课程内容定义为建议性质,所以在考察教材内容、教师教学理念以及教学的实际案例时,有可能出现"虽与课程内容不符,但有助于课程目标实现"的现象,应视为对课程标准精神的正确理解,是对课程标准中所列课程内容的有益补充。

三、对"有效教学"问题的研究及发展

(一) 课程损耗与有效教学的关系

文献搜索的结果显示：在美术课程与教学的研究领域，"课程损耗"一词几乎未有人提出过。虽有数篇文章的研究与"教学时间损耗"有关，但其研究方向与本书有较大差异。在相关的教学研究中，"有效教学"的研究方向与本书所探讨的话题最为接近，因此特将此问题单独列出。"有效教学"的相关研究与本文的差别主要在于："有效教学"探讨的是如何使教学结果达到教学目标（课程设计）所设计的那样。抛开不合理的教学设计不谈，研究者要达到的"设计目标"，一定都是近乎完美的教学目标。

由于"有效教学"不研究如何使教学目标更加完美，因此可以假定研究中欲达成的目标都是尽善尽美的。那么，关于"有效教学"的研究，就是"如何使教学过程接近极致"，如何"尽量完美地完成教学目标"。从理论上来讲，关于"有效教学"的研究，其结论必然是由"原则和建议"为主。换句话说，所有关于此问题的结论，都只是接近真理的相对真理。在研究到达一个阈限之后，以目前的科学水平，已经无法再使教学成果更进一步接近目标了。因此，对比不同教学在接近目标时的得失，研究大部分教师课堂远离"目标"的原因，就显得更为有意义。

(二) 何谓"有效教学"

目前国内外学术界对"有效教学"的定义主要有两类：一类定义是从教学投入（或教学所耗）与教学产出（或教学所得）的关系来界定的。如："有效教学是指在一定的教学投入（时间、精力、努力）内带来最好教学效果的教学，是卓有成效的教学"；[1]第二类则从学生的角度出发，从"学习有效性"[2]的角度衡量教学

---

[1] 姚利民. 有效教学涵义初探[J]. 现代大学教育, 2004, 05: 10-13.
[2] 刘立明. 国外有效教学研究述评[J]. 现代中小学教育, 2002, 12: 40-42.

是否有效。如："有效教学被界定为促进学生有效学习，教学的目标就是使学生学好"。

第一类对有效教学的理解，时间更早，当时的学术界对教育的理解仍在以"泰勒原理"为主的现代主义思维范式中。从其强调"投入产出比"与"注重效率"的特点来看，带有鲜明的大工业生产的特征。这是可以理解的，因为在人类社会发展的过程中，总会经历这样一个"快速扩大教育规模""快速普及教育"的阶段，在这个阶段中，注重教学的"效率"就是理所当然的了。

第二类理解更多的是受到认知心理学发展的影响，认为每位学生都有不同的心理、知识结构、建构知识的方法，教学的真正目的是使学生学有所获。以学生的学习成效为有效教学研究的目的和衡量标准。

关于有效教学的研究，有很多不同的方向，研究者们对其的理解各异。有的学者认为有效教学指的是"相对高效"；王彦明提出："通过国内外的对比我们知道，教学是否有效取决于教学结果与教学目标达成的程度。也就是说，有效教学不是回答教学是什么，也不是回答怎么教与怎么学，而是要解决依据什么进行教与学、如何评估教学结果以及采用什么样的教学策略进行教学才能使教学结果与教学目标达成一致的问题。"[①]

第三节 研究内容、方法及局限

一、研究内容与方法

本书第二章主要为"对损耗的必然性探究"。课程标准无法完美实施，这是全世界都有的情况。从理论、现实两方面探讨现有课程标准实施的相关研究，找到我国美术课程标准无法完美实施

---

① 王彦明."有效教学"的社会学追问[J].教育科学,2011,04: 17.

的主要现象，并以此为依据对所造成的课程损耗情况进行分析。因此，本章主要依据现有文献，结合中小学教师问卷与访谈调研，对我国课程标准损耗的必然性进行探讨。

本书第三章为"美术课程在教材中的损耗"。由于我国课程标准的制定、教材编写和教材审核三者独立，故出现了沟通不畅的情况。从后现代课程观出发的课程标准，只规定了应该培养学生哪些素质和能力，没有列出学生必须要学会的教学内容。因此，在制定教材的时候，教材的内容往往更注重教学内容的执行，而相对忽略课程标准中课程目标的实现。

本书根据对多个版本中小学美术教材的统计、分析，将其与相对应的课程目标进行对比，来计算课程损耗的情况。在对比课标与教材中的教学内容时，以定量分析法为主，计算课程目标的损耗比例，并据此分析出教材内容指向目标的数量、频率、比重，与课标中相同项对比，得出二者的差异。以调查法与文献研究法相结合的方法，分析教材编写环节课程损耗的原因与特点。

由于许多少数现象的背后，都有可能有深刻的社会、历史、个人经验因素的影响，因此文献查询与分析，需要结合访谈与个案研究的结果互为佐证，才能更加准确地找到课程损耗现象背后的原因。

本书第四章探讨的主要内容为"教学实施过程中的损耗"。在教学实施中，美术教师会依据教材中的教学内容，结合本校的实际情况来安排课程。由于缺乏硬件、教师能力不足等原因无法实现教材中的内容，造成损耗。教师对教材的理解度、接受度的误差，教参的错误引导所导致的损耗，最终体现在教师的教学设计中。教师对教材中内容理解不足、分析不透彻、教学观念落后，会造成教学内容的损耗。所有在课堂实施以前的不合理之处注定的课堂教学的失败，都归为此类损耗。

在教师进行教学的时候，各种突发因素也会造成原定教学内容损失。这样，也就不可能完全按照教学设计激发学生的个人潜力。虽然很多教师在教学设计时已经注意到这一点，但是由于班级人数较多或习惯了以前的教学模式，即使是教学名师也容易犯下类似的错误。

在教学实施过程中，地方教材和校本教材的损耗率反而可能会比较小，因为其更具有针对性。但是，由于少数地方教材更依赖教师的教学经验，很可能与课程标准的精神相去甚远，反而可能导致更大的损耗。

对教学实施环节的研究，本书采用问卷、访谈调研与大量的案例分析相结合的方式进行。选取地域跨度较大的一线美术教师进行问卷与访谈调研，以此了解教师对课程与教学的理解，从宏观的角度探讨课程损耗情况。案例研究可以对访谈与问卷调研的结果进行验证，并在微观层面上了解"以课时为单位"的课程损耗情况。教师在教学设计中，针对所有不当设计所造成的损耗，本书采用个案研究的方式，抽取数位有代表性的教师的教学设计，与教材、课程标准的教学内容、目的进行比较，并分析其社会、教育观念等方面的原因。微观与宏观课程损耗情况分析的结合，才能得到我国课程标准实施过程中课程损耗的整体情况。

二、研究局限

像教材研究一样，对教学过程与学习过程的研究，都应该是"跨学习领域""跨时间""跨地域"的。对教学过程和学习过程的数据，只能做到"跨学习领域"，很难做到既"跨时间"（一个学期或更长）又"跨地域"（覆盖发达、中部与不发达地区）。所以，后两者只能以"取样"的个案研究，力求说明问题。

本环节所采用的问卷调研研究法，主要是一种定量研究，虽然其结果比较客观、正式、系统，但其研究内容容易忽视了研究对象的主体性，整体性，难以深入实质。①为克服这一缺陷，本书采用"定量研究与质性研究"相结合的方法，将问卷调研的统计结果与教师访谈、教师课堂观察结合起来，用定量研究弥补质性研究样本量相对较低的缺陷，用质性研究弥补定量研究数据容易流于形式的弊病。

两种研究形式相互佐证，既能使在美术课程损耗问题上的探讨更加清晰，又能通过两种研究形式所得数据的矛盾，更深刻地了解美术课程损耗背后的观念、方法问题。例如：依问卷调研整理的结果，超过90%的教师赞成采取"自主探究"的学习方法引导学生进行美术欣赏课的学习。但是，访谈结果却显示：很多教师将"问答法"与"提高提问频率"等同于探究式学习。大部分教师的日常教学中极少使用"自主探究"的形式让学生在探索过程中巩固知识、技能，培养美术素养。

第四节 文献综述

崔允漷在《课程实施的新取向：基于课程标准的教学》②一文中，探讨了课程标准实施的三种取向："以教师经验为依据的课程实施""以教科书为依据的课程实施"和"以课程标准为依据的课程实施"。只有以课程标准为依据进行教学，才有可能真正地实现课程标准。但是，在实际教学中，以前二者为教学基础的现象确实非常普遍。

本书中访谈调研的结果也能支持这种论点。从访谈结果来看：以"教科书"和以"教师经验"而教，已经俨然成了普通教师与

---

① 刘登冉. 定量研究与质性研究的比较 [J]. 当代教育论坛：综合版，2011，09：32-33.
② 崔允漷. 课程实施的新取向：基于课程标准的教学 [J]. 教育研究，2009，01：74-79.

优秀教师的分水岭。真正能够以课程标准为基础进行教学实践的教师非常少。即使一些意识到这些问题的教研员,都自感能力不足。要想将课程标准更好地实施,必须以课程标准为基础,结合教科书与教师经验进行教学。

本书只是提出以"教师经验""教科书"为基础不如以"课程标准"为基础进行教学,但并未考察、分析以前二者为基础进行美术教学会在哪些环节上造成课程标准难以实现。此外,本书以对"损耗"的理解为"发散的起点",考察教科书、教师是否为学生提供这个起点,是本书所未探讨的。

吕倩倩在《小学美术新课程标准教学现状研究》[①]一文中,分析了美术课程标准实施的背景、意义,再通过问卷、访谈,描述了延吉市小学课程标准的教学现状,最后分析实施过程中发生问题的原因并提出解决建议。该文只针对一地的小学课程标准实施现状做了调查与研究,无法反映美术课程标准在跨地区、跨文化实施中所遭遇的问题。

笔者认为:该文对美术课程标准实施过程中遇到问题、归因及提出的建议,都有可以再探讨的余地。比如:作者将课程标准实施过程中遇到的首要问题归于"教学设施不完善",笔者并不认同;再如,作者提出的建议有:明确美术课程的教学地位,加强学校对美术教育的重视。笔者认为,类似的建议还可以再深入探讨一下具体的实施方法、制度建设、可行性等问题。

刘万海在《"有效教学"辨》中提出:理解的关键还在"有效"一词,对此主要存在着三种界定,分别为效率、效益和效果。以"效率"来讨论教学过程,有效与否的关键在于教学成果与教学时间之比的高低。这样计算教学的价值,必然会丧失长远目标、

---

① 吕倩倩. 小学美术新课程标准教学现状研究——以延吉市小学为例[D]. 延边大学,2014.

隐性目标的部分。只谈论有效教学，会使教学失去"人情味"。

　　教学到底是一门艺术还是科学？这在教育界始终是一个被争论的话题。17世纪，随着牛顿经典力学以及机械唯物主义哲学观的兴起，当时的教育者确实更多地认为教育是一部精密的机器。正如夸美纽斯所说："教导的严谨秩序，应当以自然为借鉴，并且必须是不受任何阻碍的"。教育工作并不困难，只要我们从自然中学来足够完美的秩序，一丝不苟地严格执行，剩下的就"只不过是要把时间、科目和方法巧妙地加以安排而已"。[①]在这样机械唯物主义哲学观的引导下，将教育的成效，视作工厂流水线生产一样，以有效和无效来评判，就是顺理成章的了。

　　通过对现有文献的分析，笔者发现目前大部分对课程标准实施现状的调查，都是将矛头指向了实施过程中所出现的问题。这些问题都或多或少地违背了课程标准中的某个或多个教育理念。但是，《义务教育美术课程标准（2011年版）》文本中包括的教育理念十分丰富，这样"碎片化"的课程标准实施情况的分析"与课程标准不符"的教学现象几乎是无限的。只有对课程标准的结构与实施的核心有了准确的认识，才能事半功倍地解决美术课程标准实施过程中的所有问题。本书将课程标准实施的核心定位于"课程目标"的实现。以此为标准，衡量所有课程标准实施过程出现的问题，究竟对课程目标实施造成了多大的损耗。

[①] 夸美纽斯.大教学论[M].傅任敢译.北京：教育科学出版社，1999：63.

贰 [第二章]

15 课程在教学中损耗的必然性探究

16　第一节　源于教育理念代差的损耗

35　第二节　"应试教育"取向引起的课
　　　　　　程损耗

40　第三节 "课程损耗有益"之辩

第一节 源于教育理念代差的损耗

一、中国美术教育的四个阶段及理念差异
（一）中国美术教育的四个主要阶段及其教育理念

在不同的时期，美术教育也呈现出不同的特征。依据尹少淳关于中国美术教育发展时期的总结（2015），自新中国成立以来，中国的美术教育可以分成四个时期：

1.1949年至1979年的单一学科期

这个时期的主要特点是：将美术课等同于图画课。"艺术欣赏、雕塑、建筑"等美术的重要门类极少排在美术教育课程之列。

2.1980年至2000年的完整学科期

在美术教育的第二个时期，"欣赏、绘画、雕塑、设计、工艺、建筑、书法、篆刻、媒体艺术"等美术学科的重要门类都在课程中有较好的体现。在这一时期，尤其强调的是"基础知识和基本技能"的掌握与学习，亦可称为"双基教学"。

这是以"美术学科的内部门类是否完备"为依据，划分出来的美术教育的两个时期。从教育理念来说，这两个时期，同属于"双基"时期。

3.2001年至2015年的关注人的发展期

在2001年以后，由于新美术课程标准出现，美术教育进入了关注人的发展期。更强调美术学科的"视觉性""实践性""人文性"和"愉悦性"，并"坚信每个学生都具有学习美术的潜能，能在他们不同的潜质上获得不同程度的发展。"[①]

[①] 中华人民共和国教育部制定. 义务教育美术课程标准2011年版. 北京：北京师范大学出版社, 2011：2.

4.2015年以后的核心素养期

2015年以后，在新一轮课程标准改革的引领下，中国美术教育进入核心素养时期。在这一时期里，课堂教学更加强调培养学生的综合素养，而非仅仅是知识与技能。学科核心素养被解释为：个体在面对复杂的、不确定的现实生活情境时，能够综合运用特定学习方式下所孕育出来的（跨）学科观念、思维模式和探究技能，以及结构化的（跨）学科知识技能分析情景，在提出问题、解决问题、交流结果过程中表现出来的综合品质。"

（二）"双基"阶段教育理念

无论是单一学科时期还是完整学科时期，究其教育理念，都强调"双基"教学。虽然有些许差异，但因其并非本书的讨论重点，故将此二者都归于"双基"教学时期。"双基"教学时期的教学理念，主要有两个来源。1979年以前的教育理念主要来源于苏联的实用主义，以后则逐步向行为主义靠拢。

1."双基"教学由来

1949年至1952年的几年里，是我国改造旧教育体制，建设新教育体制的关键时期。这个时期教育发展的一个最关键特点是"向苏联学习"。

据此，1952年我国各学科所出台的教学大纲中都提出：教学目标是教给学生基础知识并培养他们应用这种知识而解决各种实际问题所必需的技能和熟练技巧。1952年的《中学暂行规程（草案）》中，首次提出："中学教育目标之一是使学生获得现代科学的基础知识和技能"。[1]

2."双基"教学的主要特点

作为在中国实行了几十年的教育理念，"双基"教学也取得了

---

[1] 杨豫晖.数学双基教学的发展、争鸣与反思[J].中国教育学刊,2010,05:34-37.

很大的成就。在1989年进行的第二次国际教育成就测评（International As-sessment of Educational Progress，IAEP）中，我国学生在13岁组中的数学成绩名列榜首。[①]

此后的几十年，在多次的世界级教育成就测评活动中，中国学生的数学、阅读等基础知识技能成绩均名列前茅，引发了多国的反思与学习。

"双基"教学由教师把握课堂教学，最强调教学效率。用加强记忆和重复练习的方法，可以较快实现学生对基础知识技能的掌握。此外，随着"双基"教学理论的发展，结合中国传统教学理念，其具有"启发性""问题驱动性""示范性"[②]等优点。

3.源自苏联的教育理念

苏联教育理念主要内容包括：教育主要是在教学的基础上实现的；强调系统知识的传授；强调教师的主导作用；强调政治与教育的结合。[③]下面从三个方面来展开。

（1）强调知识的系统性

当时苏联的教育学家反对进步主义教育的观点，杜威提出的"儿童中心论""教育即社会"的教育观点较为突出。苏联学者认为这样的教育只能让学生掌握碎片化的知识，不利于他们在头脑中建立起完整的知识系统。

"凯洛夫教育学，以及整个苏联教育，特别强调给学生传授系统的知识。他们批判杜威实用主义教育，就是认为，实用主义教

[①] 中央教育科学研究所第二次国际教育成就评价课题组.国际初中学生数学和科学教育的现状和分析——第二次国际教育成就评价课题测试结果简介[J].课程.教材.教法,1993,12：51-54.
[②] 邵光华,顾泠沅.中国双基教学的理论研究[J].教育理论与实践,2006,03：48-52.
[③] 顾明远.论苏联教育理论对中国教育的影响[J].北京师范大学学报(人文社科版),2004,(1)：5-13.

育不能给学生以系统的知识"。[①]

（2）教师的主导作用

凯洛夫的教育理论强调"间接知识"的重要性，认为学生掌握"间接知识"可以更快、更好地取得学习效果。课堂上，学生必然退居至从属地位，由教师来掌控课堂。这样，就剥夺了学生通过直接体验获取知识的权利，学生从主动学习沦为被动地跟着老师走。

（3）与政治紧密结合

以凯洛夫为代表的教育学，紧密地结合了马克思主义哲学观点来解读、阐释教育，其认为教育应该为意识形态服务。最终从"知识技能""兴趣爱好""行为习惯""性格体格"上来培养学生，从这些方面来满足社会主义对人才培养的需求。

由于受到国际政治形势的影响，在这个时期，中国教育的主要思路是向苏联学习。这与新中国成立前主要学习杜威教育理论的情况形成了鲜明对比。1979年以后，中国的教育思想逐渐与国际接轨，教育理念也开始出现人文主义的倾向。但直至2001年新的课程标准出现以前，这种倾向并不明显。新课程标准的出台取代了以往的教学大纲，正是这一趋势的明显体现。

4.泰勒教育学原理

泰勒原理是对中国教育影响最大、效果最持久的一种教育理论。在《课程与教学的基本原理》一书中，泰勒首次提出了教育领域的4个终极问题：学校应该达到哪些教育目标；学校应该提供哪些教育经验才能达到这些目标；这些经验如何才能有效地加以组织；如何确定这些目标正在得到实现。这四个问题被称为"泰勒原理"。

[①] 顾明远.论苏联教育理论对中国教育的影响[J].北京师范大学学报(人文社科版)，2004, (1): 5-13.

泰勒原理的出现，针对的是工业社会人才需求量巨大，而教育始终无法满足社会对人才需求的情况。它在某种程度上将教育"工业化""标准化"，使目标制定、课程制定、教学、评价环节更加清晰明了。这样，无论在目标制定、教学过程还是评价过程中，泰勒原理都追求将学生学习的内容"行为化""细节化""具体化"。这是一个专家与一线教师值得无限追求的系统工程。事实上，我国几十年的教育改革，也始终在这条道路上前进着，并取得了巨大的成就。

从教育目标、教学大纲的制定到学制确定，中国教育模式无不受到泰勒经典教育学原理的影响。"教育目标的确定不仅要考虑儿童和社会发展的需要，也要考虑到学科发展的需要，还要符合哲学与心理学的原理"。[①]即使2001年新的课程标准出台后，中国的教育制度仍保留了大部分以前的课程、教学因素，在教育行政人员、一线教师中，更是大量保持着以前的教育理念。

在泰勒模式下，教育目标是由各领域专家结合社会、国家的需要，专门选择、制定出来的。泰勒将学生的学习内容称为"经验"，他认为学生学习到的知识都来源于经验，并且在学习过程中，应该尽可能地为学生还原获取那种知识及经验的情境，或为学生提供可以获得类似经历的机会。

5.行为主义教学理论

行为主义学习理论对中国教育领域的影响并不明显。由于泰勒的教育学原理中夹杂了诸多行为主义教学理论，因此仍有很多教师受到了间接的影响。行为主义学习理论在20世纪初期由美国心理学家约翰·华生创立，它对美国乃至世界教育都产生了很大的影响，直至20世纪中叶以后，受皮亚杰、维果茨基等人的影

---

① 马开剑.泰勒原理在后现代语境中的解构与重塑[J].全球教育展望，2004，04：48-52.

响，教育领域才逐渐接受认知心理学的相关理论。

行为主义心理学认为，人与动物相似，其内心的活动最终是要由外在的行为表现出来的。所以，只能通过特定的方法，预测或强化人的外在活动，这才是心理学的意义所在。而研究虚无缥缈的内心活动，既不可能也没有必要。这样的理论，使心理学的研究更趋于客观化，研究方法也更科学。

行为主义学习理论，将学习过程简化为"刺激—反应"。这样，教学就成了老师提供"刺激"（知识），学生负责被动地接受并作出反应。在学生犯错或作出一些非常规行为时，教师还不得不对学生作出相应的处罚。

6.人文主义教育思潮的影响

1979年至2000年间，中国共出台了四部美术教学大纲。可以看出，这四部大纲虽然仍是以"双基"教学为主，但是也呈现出人文精神的倾向。如：1988年以后的教学大纲，都强调要"逐步提高学生的观察力、形象记忆力、想象力和创造力。"这是受20世纪30年代国际上教育思潮从"科学主义"向"人文主义"转变的影响。持人文主义教育思想的改革者认为：教育应强调以人为中心，人乃是万物之本。"一切教育活动必须围绕人的自身发展而展开，社会需要的满足必须以人自身需要的满足为前提"。[①]

（三）探明新课程标准的教育理念

课程标准是对我国学校美术教育的目标、理念和方法的集中阐释。课程标准的文本，集中反映了我国美术教育领域的最新成果，也可以折射出我国美术教育取国际美术教育理念之精髓的结果。

1.人文主义教育理念的影响

我国于2001年颁发了《全日制义务教育美术课程标准（实验

[①] 吴维宁. 二十世纪西方教育思潮述评[J]. 高教发展与评估，2005，01：53-57.

稿）》，经过修订后颁发了《义务教育美术课程标准（2011年版）》，两个课程标准均体现了教育理念从科学主义向人文主义转移的倾向。

在科学主义教育理念占主导地位时，教育的目的与儿童无关，或者说，儿童在教育过程中占被动地位。科学主义的两大主要分支为"改造主义"与"要素主义"。前者强调教育应该从社会需要的角度出发培养儿童，后者强调从人类文化传承的角度出发培养儿童。这种教育理念反映在美术学科中就是著名的"DBAE"理论。其出发点忽略了儿童的兴趣，表现为：教师必须教授真理，儿童的兴趣是次要的……学生应该学习能够终身受益的东西，而不是他们感兴趣的东西。[1]

受人文主义的影响，我国美术教育理念也从科学主义逐渐向人文主义靠拢。自20世纪上半叶起，进步主义教育运动开始在美国兴起。这种教育哲学更倾向于把科学主义与人文主义结合起来，即"科学人文主义"——"在科学与人文的两极交锋中，出现了处于中极地位科学人文主义，它既信奉科学，又崇尚人文，力图在科学与人文之间达成某种平衡"。[2]其中，代表人物杜威的理论对我国的影响最大。受杜威的影响，罗恩菲德进行了美术教育的"儿童中心论"尝试。其著作《创造与心智的成长》是中国最早翻译出版的美术教育著作之一，直接地影响了新的美术课程标准和我国的美术教育思想。

2001年的美术课程标准明确提出"美术课程具有人文性质"，也十分强调美术课程与文化、生活的联系。其将基本理念定为："面向全体学生""激发学习兴趣""关注文化与生活""注重创新精神"。可以很明显地看出，关注人的发展是新课程标准的核心理

---

[1] 吴维宁. 二十世纪西方教育思潮述评[J]. 高教发展与评估, 2005, 01: 53-57.
[2] 吴维宁. 二十世纪西方教育思潮述评[J]. 高教发展与评估, 2005, 01: 53-57.

念之一，其思想来源就是人文主义教育理念。

2.心理学发展的影响

认知心理学是20世纪中叶发展起来的新的心理学流派，它主要关注人学习时的心理过程。思维、记忆等认知过程是学生在学习过程中最为复杂的心理变化。可以说，认知心理学是对20至21世纪教育领域影响最大学习理论。

（1）对心理学习过程进行研究的方法

行为主义心理学只承认有外在表象的行为，心理是无从研究的。认知心理学开发了多种方法，把人的外在行为与内心活动的联系建立了起来。比如"口语记录""反应时研究法"等，这些研究方法不仅对心理学，对教育研究方法亦产生了极大的影响。

（2）知识分类

认知心理学对知识理解的最大贡献是其提出了"知识分类"的思想。"第二次世界大战后期，许多从事学习实验的心理学家帮助军事人员进行训练。在训练中，他们发现单一的学习模式来指导一切教学，只会导致教学失败。这使心理学家认识到，必须对知识进行分类。于是，从1965年开始，国际上兴起知识分类的思想"。[1]

一开始人们对知识的分类，只是局限于将知识分为"陈述性知识"与"程序性知识"，直至经过修订后的布卢姆的分类理论发布才得以改变。布卢姆的分类理论对教育领域起到了极大的促进作用，并一直沿用至今。

从表2-1中可以看出，布卢姆不仅对知识进行了分类，还对知识的学习过程（认知过程维度）进行了从易到难的划分。这样的划分十分利于教师更好地进行教学设计，从而提高教学质量。

---

[1] 黄莺,彭丽辉,杨心德.知识分类在教学设计中的作用——论对布卢姆教育目标分类学的修订[J].教育评论,2008,05: 165-168.

"调查显示，截止到1996年，布卢姆目标分类学的影响基本上遍及整个中国。"[1]

表2-1 布卢姆 "知识的类别"——分类表[2]

知识维度	认知过程维度					
	1.记忆回忆（Remember）	2.理解（Understand）	3.应用（Apply）	4.分析（Analyze）	5.评价（Evaluate）	6.创造（Create）
A.事实性知识（Factual Knowledge）						
B.概念性知识（Conceptual Knowledge）						
C.程序性知识（Procedural Knowledge）						
D.元认知知识（Metacognitive Knowledge）						

---

[1] 黄莺,彭丽辉,杨心德.知识分类在教学设计中的作用——论对布卢姆教育目标分类学的修订[J].教育评论,2008,05: 165-168.

[2] 洛林·W.安德森等著.布卢姆教育目标分类学——分类学视野下的学与教及其测评（完整版）[M].蒋小平等译,外语教学与研究出版社：北京.2009,11: 21.

(3) 格式塔学习理论的影响

20世纪初的格式塔学习理论，与同时期在教育领域占主导地位的"行为主义"心理学针锋相对。由于其强调"知觉""顿悟""创造性思维"，亦由于格式塔心理学的研究起点就是"视觉"，因此，虽然其在整个教育领域起到的影响有限，但却对美术教育界有较大的影响。

以鲁道夫·阿恩海姆为代表的格式塔心理学家的著作有《艺术与视知觉》《视觉思维》《对美术教学的意见》等，这些著作对艺术思维、视觉思维进行了深入的阐述。

《义务教育美术课程标准（2011年版）》明确指出："美术课程以对视觉形象的感知、理解和创造为特征。"近来，以将视觉思维、知觉、艺术作品的形式联系起来的呼声越来越大。这些理念的出现，均与阿恩海姆用视觉思维（力场）的角度分析作品有着极大的关系。

3.建构主义与后现代课程观

（1）建构主义产生的影响

①对知识的理解

2000年以前的美术教学大纲，主要是受苏联学习理论与美国行为主义学习理论的影响。无论是苏联学习理论、行为主义学习理论，还是认知学习理论，都将知识看成是客观的存在。而建构主义学习理论首先开始对人类"知识"的客观性提出了怀疑。"建构主义不再将知识看作是有关现实的知识，认为知识并不是对现实的准确表达，而是主体对客观世界的一种解释或假设，具有暂定性。"[1]

---

[1] 叶增编.建构主义学习理论与行为主义、认知主义关键特征之比较[J].现代远程教育研究,2006,03: 64-66.

②对学习过程的理解

行为主义将学生掌握知识的过程看成是一种外在的行为，用强化、惩罚的手段，促进学生"好的行为"发展的频率越来越高，教学过程获得成功。认知心理学认为不应该把学习当成一种外在的行为，它是一种内心的活动，所以要符合学生心理活动规律。

在这一点上，建构主义学习理论完全推翻了以前的学习理论对"学习过程"的理解。它认为："学习是在一定情境中发生的。我们不能离开实际生活而在头脑中抽象虚无的、孤立的事实和理论"。[①]

（2）"后现代课程观"产生的影响

①后现代课程观与建构主义的联系

多尔的后现代课程观理念与建构主义密不可分。实质上，多尔提出后现代的、过程导向的教学与课程观建立于建构主义和经验主义的认识论基础之上。

后现代课程观与建构主义有千丝万缕的联系，很多更早的理论均对后现代课程观有极大的影响。他借鉴了柏拉图、亚里士多德、泰勒等的观点，可以说，后现代课程观是综合了人类教育史上所有经典的教育理念组合而成的一部适合当代社会"瞬息万变"特征的教育理念集。

②从割裂到依存

后现代课程观对以泰勒原理为代表的现代课程观的最主要反思，就是对现代课程观将课程与教学、学生与教师等一系列教育元素对立、割裂的观点进行否认。"它提倡实地考察、到大自然中去研究、参观博物馆、邀请校外人员来讲座等方式。"并且不再将其视为一种可有可无的教学手段。"社会是课堂，课堂亦是

---

① 杨维东,贾楠.建构主义学习理论述评[J].理论导刊,2011,05: 77-80.

社会"。①

从《全日制义务教育美术课程标准（实验稿）》起，美术课程中就设置了"综合·探索"领域，提倡课堂与社会生活的结合。2015年高中美术课程标准的修订，提出了五种核心素养的概念，以期进一步打破学校教育与真实社会生活的界限。

③形成稳定的体系

物理学中的耗散结构、混沌秩序等理论和生物学中的生命系统世界观为首的科学新发现，影响了西方世界哲学体系，引发人们对世界人类社会包括教育系统的重新认识。多尔在自己的著作中详细地描述了这些改变，并用自己的著作名来为这一新的课程理念命名——后现代课程观。

在这种理念下，课程变为一个交互的平台。师生共同在这个平台上，审视、重构一切事物的意义。这一平台的建立，是从观念模式的根本上打破特权产生的可能性。这种特权表现在原有的教育模式下，几乎每个人内心里都会建立起"非此即彼"的心理模式，即在有一个人承担起责任时，其他所有人都不自觉地放下责任而开启"依赖模式"。后现代课程观即是从课程模式上为每个人建立"平等模式"。

二、"双基"教学理念残留造成的损耗

双基教学具有启发性、问题驱动性、示范性、层次性、巩固性等五个特点②，它使新中国的教育质量在一定时期内迅速提高，并至今仍为世界翘楚，是有很大的优势。之所以说"双基"教学造成了巨大的课程损耗，是因为在其漫长的发展阶段，"双基"教

---

① 张文军. 后现代课程观初探[J]. 华东师范大学学报(教育科学版), 1997, 04: 12-22.
② 邵光华, 顾泠沅. 中国双基教学的理论研究[J]. 教育理论与实践, 2006, 03: 48-52.

学更多地与应试教育结合在了一起。此外,"双基"教学背后所体现的行为主义教育理念,与后现代课程观和认知心理学的最新研究成果相比,对学生学习效率、学习潜力等诸多方面的理解均有较大缺陷。

不同的阶段,人们的美术教育理念有所不同。每一次教育理念的更新,都对教育效果有巨大推进作用。理想化的教育效果,并不一定能够完全达成,尤其是当这个系统中的人仍然秉持前一阶段的教育理念时更是如此。无论是课程标准的编写者、教材编写者、教师、学生,乃至社会大众,他们所持的教育理念,都会对教育效果产生极大影响。从本节第一部分所列出的"双基阶段教育理念"与"新课程标准的教育理念",可以很明显地看出与双基阶段不同的是,新的课程标准在很多环节上已经倾向于"后现代课程观"的理念。如不再坚持知识的纯粹客观性,开始强调打破学校与真实生活的隔离,强调学生在交流与互动中进行探索性学习……

目前,很多教师的教育观念仍然停留在"双基"教学阶段。如果以"双基"时期教育的标准看,这些教师把教学任务都按时完成了,应该是人们眼中的"好教师"。国家对教育的要求已经悄然发生变化,大部分教育系统的工作者无法很好地理解这些变化,更无法在教育过程中将其实现。

(一) 过分强调继承带来的损耗

如前文所说,"双基"阶段教育理念主要来自泰勒原理、行为主义等教育理念。其一大特点是强调对已有人类文化的继承。而后现代课程观认为后现代社会所需要的人才不能只是掌握"足够的知识",他们必须有更强的创造力,能更好地适应越来越快的社会变迁速度。现代社会的总体趋势是由工业社会转向后工业社会,课程理念的转变正是为了适应这一转变。

工业社会与后工业社会的主要区别是后工业社会的人力转向

服务业，而不像工业社会那样，大量的人力投入在轻、重工业上。总体来说，这是生产力提高的体现。只需要相较以前更少的人，就可以维持全人类足够的衣、食、住、行等工农业品的生产。为了维持这样高水平的生产力，就必须在科技、教育等部门投入更多的人力。所以，后现代课程观的种种特点——强调差异性，强调去中心，不再把人和学习过程看得简单，承认其复杂性，都是为了培养出具有更复杂思维能力的人才，来适应社会的变化。

反观"双基"时期的教学理念，其重点为"基础知识、基本技能"，其实这并不是教育的目标，而是达成最终教育目标的第一步。长期强调"双基"教学的结果，除了趋向于应试教育之弊外，本身就犯了一个致命的逻辑错误——人类文明积累至今，其拥有的基础知识和基础技能，对于一个人投入的学习时间来说，是接近于无限的。"双基"教学所培养的学生，更像是一部制作精良的机器，学生们能够较好地继承人类文明，却很少对人类文明进行反思，更不知道如何创造。

（二）缺乏知识分类观念

1.不利于教学目标设定

由于"双基"教学阶段的教学理念缺乏知识分类观念，不利于指导教学设计。故2015年新一轮的课程标准改革更重视知识分类的理念。在"双基"教学阶段的教学大纲中，虽然有大量的"能力"类目标，但有些能力其实无法通过教学训练促进成长。

2.忽略知识分类而引起的教学方法选择不当

某种教学方法可能只适合某一类知识，如果选择了错误的教学方法，不但会造成教学效果低下，也会使课堂变得十分枯燥。由于缺乏知识分类的观念，在这个基础知识、技能的积累阶段，大部分教师完全由自己的判断来选择所有知识的教学方法。这就必然导致很多不适合用讲授法来掌握的知识与技能，教师仍选择此方法来完成教学。

早在20世纪70年代，皮亚杰就已提出应该将知识分为三种：物理知识、社会文化知识和数理逻辑知识，三种知识最适合的教学方法分别为体验学习、教师讲授和自主练习。

（三）缺乏对潜在成长可能性的关注

以泰勒经典教育学原理为主的"双基教学"教育理念，主要关注预先设置好的教学目标是否达成。如果在课堂上，学生偶然发现了新的学习目标或获得了意料之外的成长，通常是普通教师很少关注的事情，更不可能在教学设计中促进这类成长出现。

在这样的教学理念下，也会有教师较好地处理了课堂的"突发"状况。案例如下：

"在《纸浮雕》一课巡回辅导中，我发现有位同学趴在桌上睡觉。我走过去，轻轻推醒他——那是王鹏。

我问他："你为什么不做作业？"

"不会。"他看也不看我，回答道。

"那你会什么？"

"什么也不会，美——术——课——跟我没缘！"他摇了摇头。

我递给他一张纸："你会撕纸不？"

"那谁不会？"他朝我翻了一眼。

"你随便撕给老师看看。"

他抓起纸，三下两下撕起来，然后又把纸从桌上抛在地下。

我说："你随便拾一张你撕的纸块给老师，老师有用。"

他想也不想，弯腰从地上拾起一块纸丢在桌上。

我把纸块在桌上摊平，问他："你看这纸块像什么，能看出来吗？"

好一会儿，王鹏说话了："像什么……像……长江吧。"

"好，太好了。你很有艺术细胞嘛，怎么能说和美术无缘呢？"

同学们都围上来。我向前面的同学要了张蓝色卡纸，递给王鹏："把你撕的纸块贴在这张蓝色卡纸上。"

王鹏很快完成。

"你能把长江经过的省、市标在纸上吗？"

"能。"这次他回答得很干脆，随后，他找出地理书，工工整整标上了长江流经的各省、市名称。

一张"长江图"完成了。

我把这幅作品展示给同学们看，大家都赞叹不已：有意思，太有意思了。

学校"迎新年第十届美术作品展"，我展出了王鹏的"长江图"。地理老师告诉我，王鹏后来很偏爱地理课。以后又听说，初三毕业王鹏考入了北京铁路局太原铁路学校，现在是一名优秀的火车司机。或许这个倔强的孩子把艺术细胞同他喜爱的职业融于一体了。"[①]

这个案例选自山西特级教师赵紫峰2004年出版的《雪地飞龙》一书。本案例早已为美术教育界所熟知，但对赵老师这种处理方法，一般的评价为"有教学智慧""随机应变"……总之，这是教师用其能力挽救了一个可能永远与美术无缘的学生。

事实上，从后现代课程理念的角度来分析却会发现在这一类的案例中，美术学科与其他学科的结合是偶然情况，而不是有意设置的。虽然在这节课上挽救了一个"喜欢地理而不喜欢美术的王鹏"，却可能已经错失了更多喜欢其他学科的学生。

每一位走进过美术课堂的人都会发现，即使是北京、上海这样美术教育质量较高的地区，学生在课堂上出现"走神""无精打采""毫无兴趣"的情况也比较常见。这些学生里面，有多少个是与案例中的"王鹏"相似，并非对学习美术不感兴趣，只是对美

[①] 赵紫峰.雪地飞龙[M].北京：高等教育出版社,2004：45-46.

术所表达的内容不感兴趣。只要能够把美术表达与他们感兴趣的学科或事物结合起来，他们立刻就能够找到学习的动力。

所以，关键是教师要在整个教育过程中有意地寻找有可能促进学生成长的机会，并尽力将其实现。这可能需要重新考虑学制安排、课程设置、教学设计、教学过程等所有的教育环节才能实现。

（四）美术教师培养的"艺术家化"

长期以来，无论是社会观念对美术教师的定位都不准确，甚至美术教师的内心，都没有摆正其正确的位置。很多人仍将美术教师定位为"失败的画家"。在美术教师培养的过程中，也有相当一部分人将其定位为"艺术家"。在这样的影响下，教师在中小学的日常教学中延续自己熟悉的专业美术技能就不难理解了。

美术技法基础往往需要数月甚至数年才能打下扎实的基础，这是中小学阶段不可能实现、也没必要实现的任务。因为课程标准已经表明：现代美术教育的总目标是培养"具有人文精神、创新能力、审美品位和美术素养的现代公民"。

此外，中小学阶段的美术教育不仅要让学生像艺术家那样去创作，更要让学生学会像艺术家那样去思考。现当代艺术与经典艺术的最大区别，就是脱去了对高超艺术技法的依赖。很多现当代艺术大师，就是用最简单的艺术技法，表现深刻的艺术、文化观念。

杜尚的《泉》使人们相信，讲另一种语言而仍具有美术的意义是可能做到的。随着这件现成品美术作品的出现，表明艺术家把注意力从艺术语言的形式转到了所要表达的内容上（图2-1）。这是中小学美术教育最值得借鉴的地方。因为，让学生以这样的理念来理解美术、进行创作，不仅解决了"低技法——高视觉冲击力"矛盾，还能够促进学生思维能力的发展，促进学生从美术（视觉思维）的角度，深入观察、思考自己所处的生活与社会，这

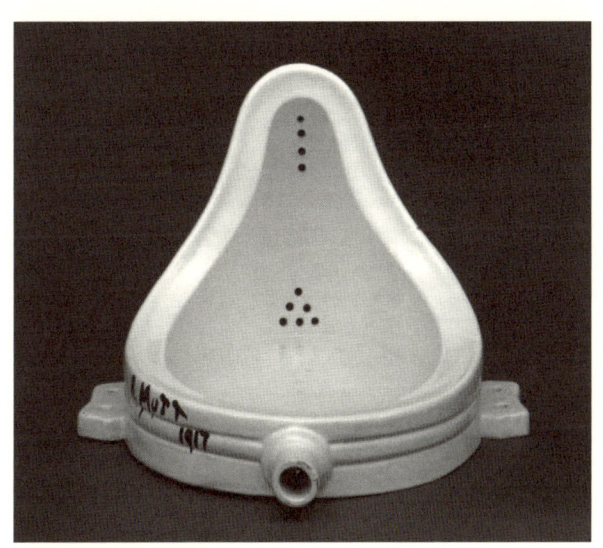

图 2-1 杜尚的作品《泉》使美术的性质发生了改变

更适合培养"现代公民"的学科目标。

很多一线教师对义务教育阶段课程标准"走马观花"的教育特征不理解，甚至对其有一定的抵触情况。有些教师认为：这样"东一榔头西一棒子"的课程安排，会导致学生几年下来，在美术领域一事无成，还不如就某一画种进行长期、系统的教授。对于这种现状，只有理解了"培养现代公民"的学科目标，只有理解了"培养技法与思想"之辩，才能真正体会课程标准的"走马观花"理念。

三、探讨"核心素养"的原因与意义

在教育部 2014 年印发的《关于全面深化课程改革落实立德树人根本任务的意见》中，第一次提出"核心素养体系"这个概念。"核心素养"即将成为教育改革的"关键"、新课标的"源头"、中高考评价的"核心"。在"我国基础教育和高等教育阶段学生核心

素养总体框架研究"中，共提出了9种学生应具备的、能够适应终身发展和社会发展需要的必备品格和关键能力，具体为：社会责任、国家认同、国际理解、人文底蕴、科学精神、审美情趣、身心健康、学会学习、实践创新。

在此基础上，各学科也根据其学科特点，提出了学科核心素养。其中，美术核心素养总结为："图像识读""美术表达""审美判断""创意实践""文化理解"。在2015年开始的新一轮高中、义务阶段美术课程标准的改革中，均在此五种核心素养的基础上，建立起新的课程目标体系。

由此可见，核心素养是尚未正式发布的课程理念，课程标准实现程度的衡量标准并不包括"核心素养"。但是，笔者仍认为对"核心素养"的探讨有较大的意义，原因有二：第一，素养类目标自2001年美术课程标准中就已经存在，只是当时未以"核心素养"的形式出现。因此，以前对此类目标未培养成功之处，已经发生了损耗；第二，在"核心素养"正式提出后，现行的教材、教学模式仍会持续相当长的一段时间。因此，用"未来的标准"衡量"过去的课程实施"，仍有一定的前瞻性。

我们根据对课程目标的分析可以得出，在以前的课程标准中，"用美术表达"只是众多课程目标中的一个而已。但是，当时这一课程目标的地位并未达到"学科教育核心"的位置。虽然我们可以估计出以往教学对"用美术表达"这一课程目标的忽视程度，但并不能得出结论：以后的教学中，"美术表达"素养也一定无法达成。只能尝试预测：在教学整体情况未应对"核心素养"进行较大的变革之前，针对五种核心素养的培养可能会产生哪些方面的损耗，以及预测损耗的特征，才能便于提前想出应对之策。

第二节 "应试教育"取向引起的课程损耗

一、应试教育的来源

（一）何谓应试教育

应试教育，也被称为"填鸭式教育"，虽然各大词典中都没有对此词的解释，却是教育领域的一个热门词汇。每个人对它的定义都有些许不同。

徐晓云认为："所谓应试教育是指脱离社会发展和人的发展的实际需要，以应付升学考试为目的的违反教育教学规律的一种传统教育模式。"[1] 刘朝晖、扈中平认为："应试"一词本为中性。我们所批判的，是其"以考试为中心并对其他教育价值具有强烈排斥性"[2]的价值取向。整体来说，对应试教育的批评集中于"排挤其他教育价值""片面强调考试"等违反教育规律的论断。

（二）应试教育产生的原因

1.综合评估能力有限

对个人在某一领域的整体能力和未来发展潜力的评估，至今为止还没有足够科学、权威的手段。目前，这种评估需要领域内的大量专家来进行，否则评估就有可能过于主观，甚至掺入情感因素。即使采用这种形式，也只能最大限度地降低主观性。

由于这种评估需要感性与理性的结合，如果评估数量过多，这种方式就变得更加不可靠。所以，即使想采用这种比较人性化的评估方式，也要使参与评估的人数控制在一定范围之内。

现在很多选拔方式的最后一轮，选择专家面试，第一轮遴选中还是会采用笔试的方式。故以考试进行选拔是目前评价系统不

---

[1] 徐晓云.试论应试教育与素质教育——战略的转移：从应试教育到素质教育[J].教育理论与实践,1992,06: 2-6.
[2] 刘朝晖,扈中平.论"素质教育"与"应试教育"的对立性[J].课程.教材.教法,2005,10: 3-8.

可或缺的方式。

2.竞争过于激烈

有统计表明：全国高考人数超过50万的省市，一本录取率平均不足10%。教育出现问题最严重的省份，基本上都是参与高考人数过多、录取比例较低的省份。所以，从某种程度上说，教育不合理的诸种现象皆由过于激烈的竞争引起。

以2014各省市高考一本重点大学录取率统计为例，公认的"问题省份"（指教育质量较差的），基本上都是录取率靠后且高考人数相对较多的省份。所以，是否可以得到这样的结论：教育中出现的各种不合理、过度重视考试成绩的现象，不仅仅是源于师资、硬件、教育理念等因素，还有可能是竞争过大。在竞争过大的局部社会里面，教育的第一诉求就成了"赢得遴选"。

3.教师基础知识、技能掌握不足

很多知识、技能掌握不透彻的教师，愿意选择"一言堂""满堂灌"的授课方式，把掌握知识技能过程中的困难，全部"推给"学生。课堂中，他们只讲究"三个中心"（以书本为中心、以教师为中心、以教案为中心）。这样的课堂："忠诚于学科，却背弃了学生；进行着表演，却没有观众；体现了权力，却忘记了民主；追求着效率，却忽视了意义"。[1]正如儿童摸索电脑使用方法的过程：在刚开始的几个星期里，他们必然先不断地尝试键盘上的每一个按键，观察其所起的作用。只有当他们对每一个键位的功能都了然于胸后，才有可能真正地开始尝试使用键盘、鼠标在电脑上创造"新的奇迹"。所以，基础知识技能的掌握，确实是学习中最不可或缺的一环。

由于"双基"时期所持的教育观念都是封闭性的，教学过程就是完成预设好的教学目标。所以，在遇到"学生不想学预设教

---

[1] 陈振华.讲授法的危机与出路[J].中国教育学刊,2011,06: 41-43, 51.

学内容"的时候，经典的教育理念就进入了一个"死胡同"。这时候，教师能做的选择只有两个：惩罚学生，强制其按预设的轨道前进；或是完全忽略这个"不听话"的学生。大部分教师出于潜意识的判断，都能意识到第一个选择虽然短期有效，却会造成学生更强烈的抵触，因而不得不选择"逃避"类似的问题。但仍有一小部分教师，会用强制的手段来完成教学任务。这是"填鸭式"教学产生的原因之一。

二、应试教育的主要特征

（一）教育目标变异

"双基"教学与应试教育的教育理念有相似之处，两种教育理念都容易将教育的目的过分简化，也都是秉持着实用主义和功利主义的思想，抛弃了对教育更高价值追求的思考。在应试教育体系中，教育的最终目的变成了提高学习成绩、重视结果，这种价值取向是应试教育所有问题的根源。在应试教育中，教师为了提高学习的效率，一般会为学生提供明确的"标准答案"。这样的方式，把世界上所有问题的思考结果都规定下来，不符合的答案即是"错误"。

由于应试教育的价值取向是"只重视学习结果"，那么其自然就会轻视过程。相应的，教学方法会受到轻视就不难理解了。因为要追求结果，所以教师在教学过程大都使用效率最高、耗时最短的讲授法，也就是平常我们所说的"满堂灌"。一成不变的教学方法不仅使学习过程变得非常乏味，更重要的是，很多知识、技能本不适合使用讲授法完成。无论从"压抑学生的学习动机"还是"教学效果差"等方面来看，应试教育系统中的教授方法过于单一已是不争的事实。究其原因，就是其只重结果的价值取向导致的。

（二）目的异化与抑制思考

很多人谈起应试教育之罪，都会把"压力过大""学生自杀率增加""抑制创造力"当成其"罪"之要点。事实上，增加学习压力不是应试教育的"特色"，压力与创造力培养也没有直接的关系。有很多学者都在证明：压力与创造力没有直接的关系。美国心理学教授罗伯特·W.韦斯伯格就通过研究一系列公认的各领域的"天才"（如毕加索、爱迪生等），来试图证明"死记硬背的高压教育或工作扼杀创造力"的结论并不一定准确。

为什么当我们谈起应试教育时总是抱怨其给学生的压力过大呢？被动接受者可能更难适应。笔者认为不是所有人都能适应太大的压力，尤其是被动接受者可能更难适应；把考试当成唯一目的，与"学生发展"的最终目的也是背道驰的。以学生发展为目的，应试是手段之一，但如是以应试为目的，就会大大挤占学生发展的空间。

三、应试教育引起美术课程损耗的主要形式

（一）开课率过低

美术课的开课率不足已经是一个普遍问题，不仅仅是偏远山区，甚至连北京、上海这些发达地区，都会有一些学校存在这样的情况。

开课率不足是应试教育下美术课程最主要的"损耗形式"，其给美术教育带来的后果是灾难性的。在基层教育系统中，仍然弥漫着应试教育的思想。有很多学校停开"副科"是校级领导支持的，甚至连教育系统管理部门的工作人员也持相同的观点。

除了平时挤占美术课的现象之外，在初三、高三等关键时段停开美术课"势在必行"，全国的学校都这样在做，形成了"高度统一"。甚至还有大量地区的学校，在初二的时候就已经采取"副科"减半的做法。其实，在很多美术课开课率较高的地区，课程

也存在着很多问题。比如，某一学习领域的课时过多；教师根据自己的专业特长任意开设课程；高中阶段只开设鉴赏课，其他的模块完全无法实现等情况。这些现象造成了现目前的美术课与美术课程标准中所提出的教育目标有较大差距。

（二）随意调课

由于中小学课程设置的特点，凡存在升学考试中的科目，一般统称为"主科"。尤其是在高考分数系统中占分数比重较高的语、数、外三科，更是师生心中实至名归的主科。而音、体、美等副科，由于其在高考中不占分数比重（体育科只需达标），在很多师生的理念中，都是随意可以停止的课程。

因此，几乎所有的美术教师都遇到过"主科教师要课"的情况。"将美术课临时调整为其他学科课程""要求美术教师监督学生做其他学科的作业"等情况，已经成为普遍现象。少数美术教师遇到这种情况，还会通过各种方法与主科教师进行沟通，维护美术课程的完整。但在大部分师生心中，美术课"对考试没用"的心态还是比较普遍，甚至一部分美术教师也认同这种观点。

（三）美术教师兼职

由于美术课在中小学课程体系中的地位偏低，大部分中小学为保证主科的正常教学，一般要求副科教师兼任一些其他事务性工作，如担任班主任或干一些团委工作等。尤其是一些中西部偏远地区的学校，体现得尤为突出。如何将全校师资力量都用在完成主科的教学任务上，是这类学校的当务之急。即使一些对美术科目较为关注的校长，也不得不要求美术教师兼职其他工作或转行教语、数、外等主科。

第三节 "课程损耗有益"之辩

一、"课程标准"与"教学大纲"的混淆

有很多教师的教学实践是以教学经验为基础，尤其是很多有丰富教学经验的教师，他们在长期的教学实践中积累了大量课程、教学方面的理念与实践经验。因此，他们经常将课程标准视为束缚教师手脚的文本，就像过去的教学大纲一样。这种想法存在两种误解：1.新的课程标准已经与教学大纲不同，其不再仅仅是规定教学内容的文本，而是已经拥有宏观、提高、建议等特征；2.课程标准中已经吸收了后现代课程观的理念，鼓励教师在实施课程时，注重课堂的"生成性""非预设性"，不会再束缚教师的教学自由。

后现代课程观的最主要特点，就是不再将"设置教学目标并将其完成"当成教学的目的，而是把"开发学生的无限潜力"当成教学目标。从这个角度来看，教学不可能与"课程标准"中的要求完全一致，必须根据学生发展的实际情况做相应调整。

教学大纲制定的过程应考虑怎样制定教材中的教学内容。教学大纲应规定"教学使用的材料、内容"，甚至具体到每个学期、每节课。对教师来说，教学大纲就是"没有图片的教材"。在课程标准出现之后，大部分人仍然没有转变这种思想。

有些一线教师在已经完全理解新课程标准理念的情况下，仍然认为课程标准所列出的教学内容、教学方法、教学策略与自己上课的教学实际情况并不吻合，所以宁愿脱离课程标准来上课。

比如有很多老师不认同小学美术课程标准中"走马观花"的理念，认为在这样的教育理念之下，整个小学六年学生无法真正学到某一艺术门类扎实的知识、技能。所以，他们有意选择某一专业特长持续教授学生，以期让学生小学阶段打下比较坚实的技法基础。这其实是一种属于"双基"教学时期的教学理念，是新

课程标准制定专家小组通过充分讨论，有意摒除的一种教学理念。美术课程标准中明确提出："美术课程……为国家培养具有人文精神、创新能力、审美品位的现代公民。"如果以否定的方式来理解美术课程标准，擅自更改课程设置，才会使课程目标无法达成，造成课程损耗。

二、课程标准的"耗散性"特征

（一）对课程标准的"耗散性"的理解

如果"损耗"真的"有益"，那么这时"损耗"的定义已经发生了较大的变化。根据实际情况对课程内容、教材内容做出调整，只要是以"达成课程目标为目的"，就是有益的，是课程标准提倡的。课程标准其实已经为这种调整留下了很大的余地。

（二）课程标准"耗散"的体现

1.课程内容的"耗散性"

在课标中其实没有规定某一节课的具体内容，教师完全可以通过自己的理解来把握美术知识、技法、理念、教学方法、作业布置等教学的细节，甚至课题都是可以更换的。比如：魏老师让学生画多肉植物、书包，这就没有完全拘泥于教材中的课题，还可以让学生提高线描能力。

如果能把握这一节课的重难点，即尝试用线条表现形象，初步掌握这种表现方法，并在过程中试着把握构图等重点，就可以让学生获得这方面的成长。

2.学习方式的"耗散性"

多尔在《后现代课程观》一文中指出：后现代课程观的教学改变了做法，从教导性转向对话性……教学"不是为了有效地获得正确的答案，而是为了更深入地挖掘问题的实质"。[①]由后工业社会带来的"信息爆炸"，使知识趋于无限，知识的更新速度也远非以前能比。教育的目的已经不仅仅是掌握知识，而是质疑旧知识、探索新知。只有在课堂上，将质疑与探索的权力交给学生，才能将他们"引燃"，让学生在自主探索的过程中互相交流，才符合这种观点的"耗散"。

课程标准在"教学建议"中专门提出要"重视对学生学习方法的研究"，要求教师引导学生进行自主、合作、探究学习，帮助他们学会学习。这是后现代课程教学理念最明显的体现。虽然此点"建议"在课程标准中只占很小的比例，但其带来的教学方法乃至教育模式的改变是不可忽视的。

3."综合·探索"学习领域的"耗散性"

美术课程标准将美术课程分成四个学习领域，分别阐述课程目标。其中"造型·表现"学习领域、"欣赏·评述"学习领域、"设计·应用"学习领域三者与美术基础知识、技能的理解有关，虽然学生在进行与这三个学习领域相关的学习时，也应注重"自主学习"，但这三个学习领域主要还是让是学生打下美术知识技能的基础，为学生使用美术相关的知识技能，思考、解决、展示实际生活中的难题做准备。

解决实际问题的机会，就出现在"综合·探索"学习领域的课堂上。在"综合·探索"学习领域的课堂中，学生不仅在学习方式层面上进行探索与耗散，还可以与教师、同学形成了一个稳定的"学习系统"，在知识、技能层面上，将自己掌握的所有美术知识技能与各个学科的知识技能，甚至与自然、生活、文化、科技等领域信息相结合，形成"知识系统"。

[①] 小威廉姆·E. 多尔. 后现代课程观[M]. 王红宇, 译. 北京: 教育科学出版社, 2000: 146.

叁 [第三章]

43　美术课程在教材中的损耗

44　第一节　美术课程损耗与教材的关系

51　第二节　各版本教材对课程标准的实现——
　　　　　　以小学一年级上学期教材为例

64　第三节　其他国家与地区教材中素养培养的
　　　　　　启示——以创造力为例

76　第四节　教材损耗的产生原因分析

第一节 美术课程损耗与教材的关系

课程目标的内容，是"完美"的课程应该达到的目的。在实际中，完美的课程可能并不存在，因其内容要不断更新，不可能适合所有民族与地区的具体情况与需求。在教育大系统中，课程标准必须要提出课程目标，这是整个基础美术教育实施的方向。当然，随着时间的推移，课程目标会随着人们对美术教育认识的进步而不断更新、修订。

我国的美术课程标准实施，与教材的关联度非常高。几乎所有美术教师的教学实施，都会以教材为基础。所以，考查我国美术课程损耗的情况，首先要了解我国美术学科教材是否能够很好地完成课程标准。

一、完成课程目标的媒介——课程内容
（一）课程内容的文本来源

我们要分析教材对课程标准的实现程度，探查课程损耗的情况、原因，首先要了解《义务教育美术课程标准（2011年版）》提出的几个重要概念："课程目标""学习活动建议"和"评价要点"。这几个概念是课程标准中的一组常见词，在阐述"美术课程"的文本后半部分，主要是由上述几个概念组成的。

在课程标准文本中，"学习活动建议"是课程内容呈现的主要来源，"评价要点"中也偶尔会出现一些课程内容。因此，我们要探查清楚课程内容在课程标准文本中的来源，以及其对实现课程目标的细节，即探明"学习活动建议""评价要点"如何呈现课程内容，以及其如何实现"课程目标"。

1.三者的对应关系

我们从课程标准文本中可以看出，"课程目标"与"学习活动建议""评价要点"有较强的对应关系。"学生活动建议"是实现

课程目标的媒介，是可选的（自行开发）；"评价要点"提供衡量"课程目标"实现与否的标准。因此，厘清"目标——内容——评价"的逻辑，就更容易理解课程目标与课程内容和评价要点的关系。以第一学段"造型·表现"学习领域为例，明显存在几种上述对应关系（表3-1）。

表3-1 课程目标与课程内容和评价要点的对应

课程目标	课程内容（学习活动建议）	评价要点
体验造型活动的乐趣	以游戏的方式体验造型活动	对造型表现活动感兴趣并积极参与
体验容易找到的材料	尝试纸材、泥材	大胆、自由地表达、创作

2.完全一致

有的时候，"学习活动建议"与"评价要点"中所列的课程内容，与课程目标中所提的要求是完全一致的，仅有描述方式上的差异。如："课程目标"中提出要让学生"尝试不同的工具，用纸以及容易找到的各种媒材……"在"学习活动建议"中则描述为"体验不同的工具和媒材的表现效果"。

在制作所有"课程内容"列表时，我们要以严格执行课程标准为出发点，将"课程目标""学习活动建议""评价要点"中的所有课程内容与要求全部列出。用其检验教材完成度时，如有后二者内容与"目标"内容重复的情况，就按"教材实现了后二者的内容"来分析。这样做是因为"学习活动建议""评价要点"中对课程内容的描述更为详细。

3.后二者为"目标"举例

很明显，"学习活动建议""评价要点"中提出的很多具体"课程内容"，是为实现"目标"而举的例证。当然，这些例子有很多，经过课程标准专家组集体讨论并认为值得推荐，都经过了

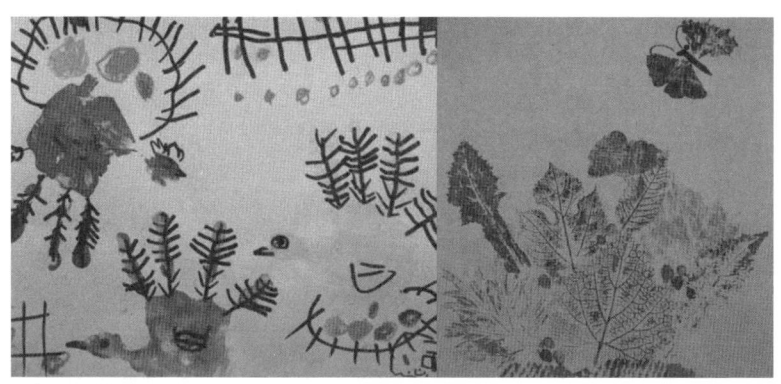

图3-1 实物拓印

一线教学的检验。如果教材予以采纳，一般来说会取得比较好的教学效果。

例如：在工具方面，"学习活动建议"特意提出让学生"尝试实物拓印"，是课程标准专家组根据优秀教师的教学经验，为小学教师提供的一种最方便、成本最低廉的教学方式。比如用手、树叶作模板，直接在纸上进行拓印（图3-1）。在媒材方面，"学习活动建议"中特意提出"尝试纸材、泥材等多种媒材"，亦是为小学教师提供了两种最常见、成本最低廉的媒材。

因此，设置"课程目标"是为教学指明了方向，而在"学习活动建议"和"评价要点"中，既有教学的方向，也有具体的课程内容。

4.差异性体现

"课程目标"在"学习活动建议""评价要点"的体现中是有差异的，也延展出一些"课程目标"中完全未涉及的内容。这些内容大体可以分成以下两类。

第一类：虽然后两个环节提出的内容，是"课程目标"中完全未涉及的，但其却是达成目标中某个要求的"必经之路"。比如："学习活动建议"中提出要"以游戏等多种方式……""借助语言表达自己的想法""尝试线条、形状和色彩""尝试实物拓印",这些内容都是为"课程目标"中关于"表现所见、所闻、所感、所想,体验造型活动乐趣"这一要求打下基础。要想达到让学生"大胆表现"这一基础(美术基础元素与方法)目标,首先要让学生掌握"线条、形状、色彩,折、叠、揉"等美术的基本语言和技法。

第二类:这些内容既不属于课程内容,也不是达成课程内容的方式,而是在学习、体验课程内容的过程中,学生可以逐渐获得的"素养"(2015年新课程标准修订所提出的五种"核心素养",也属此列)。如:"评价要点"中提出:学生要表达出自己的"观察、感受和想象",虽然这些要求位于评价要点中,本是用以评价学生是否达成课程目标的,但是可以想象,评价要点中出现的要求,必是教师在教学过程中实施的要点。因此,评价要点中出现的要求,亦可以认为是"课程内容"中的一个部分。

美术课的主要目的还是让学生感受美术文化、掌握美术基础知识与技能,这也是基础教育阶段美术学科的"本质功能"。然而帮助学生在美术学习过程中形成内化的素养,以使美术课上的收获对他们在日后的学习、生活中遇到的难题有真正有益的帮助,这也是美术学科的重要价值之一。

这些素养目标,不像一个个美术知识与技能那样具体。其中有些并不属于美术本体内容,在其他学科中也可以培养。但是,凡是课程标准中提出的素养,都与美术学科有着紧密的联系。换句话说,美术课程对于培养这些素养有得天独厚的优势。

(二)课程内容的"建议性"

中国疆域广阔,各地经济、历史和文化情况有较大差异,这就对面向全国的美术课程标准提出了"灵活性""适应性"的要求。由于课程目标是对学生学习效果的总体描述,不涉及具体的学习内容,所以其本身就符合这个要求。此外,美术课程标准中制定的课程目标，皆为美术学科教育的最低目标，以此来适应广大中西部等师资、教学条件不佳的地区。

例如：第一学段"欣赏·评述"学习领域的课程目标是："观赏自然景物和学生感兴趣的美术作品，用简短的话语大胆表达感受。"很明显，这样的课程目标是全国都可以实现的。事实上，很多经济、文化发达的地区，如上海，已经给中小学美术教育提出更高的要求，在面向全国的美术课程标准基础上，还制作出了专门针对上海地区的美术课程标准。

对教学内容的描述，一般都会涉及具体的美术知识、技能、工具、媒材和各种艺术元素。有了这些具体的因素，就会对教学手段、资源提出一定的要求，虽然在大部分情况下，这个要求都很低，但这仍会极大地削弱课程标准的"灵活性"。

例如：第二学段"造型·表现"学习领域就设置了如下课程内容："尝试用毛笔、水性颜料、墨和宣纸等工具、材料，开展趣味性造型活动。"虽然这个要求并不高，但是教师问卷与访谈调研显示：由于"场地、材料不足的原因而无法开设国画课程"的教师，占参与调研教师总人数的80.4%。

为应对这种情况，课程标准将课程内容设置成"建议性"内容，在课程标准中以"学习活动建议"为标题。虽然超过八成的教师（学校）因条件不足而未开设国画工具的体验课程，但是有些美术教师仍积极发掘本土美术媒材资源，让学生体验本地特有的媒材——泥巴、稻草、秸秆等。这同样能够达成该阶段相对应的课程目标——体验不同媒材的效果。根据当地文化、媒材资源开发的课程，都能够很好地完成课程目标（图3-2、图3-3）。

值得注意的是，与我国课程标准的解决方案不同，某些国外课程标准所制定的教学内容的灵活性，是靠"抽掉"课程内容中的"具体因素"来实现的。本书第五章中对此问题有详细论述。因为课程内容具有"建议性"的特点，所以本书对美术课程损耗

第三章 美术课程在教材中的损耗　49

图3-2 现场学习尼西黑陶的工艺 佟蒙摄

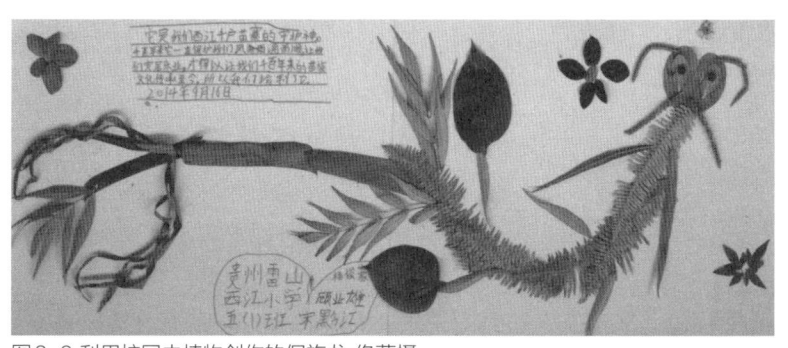

图3-3 利用校园内植物创作的侗族龙 佟蒙摄

的探讨依据以课程目标的完成度为主，以课程内容的完成度为辅。

二、课程内容与教材内容的区别

通过前文的分析，美术课程标准的核心是课程目标。在"学习活动建议""评价要点"中提出的课程内容，是实现课程目标的媒介。要实现课程目标培养学生的要求，不仅要培养确切的知识技能，还要培养学生的多种能力，同时要关注学生的学习过程。具体到美术教学中，教师每一节课都需要将具体的美术知识技能、工具媒材与学生感兴趣的议题相结合，还要考虑课堂练习、学习资料等大量的细节。这些细节不可能由美术课程标准来设置，这就体现了教材的地位：为实现课程目标、体现课程内容而组织的具体教学材料。

那么，教材内容与课程内容有哪些差别？在教材中，需要对课程内容进行哪些补充，作哪些取舍，才能更好地辅助课程目标的完成？首先，教材内容所探讨的是"用什么教"，它应该区别于课程内容中的"教什么"。如果将课程内容理解为目的，那么教材内容就成为实现目的的"媒介"。所以，统观课程目标、课程内容、教学内容三者之间的关系，课程内容是实现课程目标的途径，教学内容又是实现课程内容的途径。

对课程内容的理解，可以视为"分散在每一节课中的重难点"。换句话说，就是"学生需要习得的核心知识技能"，或"学生需要面临、解决的难题"。而教材内容就是实现这些课程内容的具体材料。

第二节 各版本教材对课程标准的实现——以小学一年级上学期教材为例

要探明课程标准在教材中的损耗情况，就要用教材与相对应的学段、学习领域的课程目标、课程内容作对比。以课程目标为尺，衡量教材在实现目标的过程中存在哪些缺陷与不足。本节即以多个版本的一年级上册美术教材为例，探查其在对课程目标和课程内容的实现过程中，出现了哪些课程的损耗。

一、对应学段、学习领域的课程目标与内容的分析

（一）对应学段、学习领域的课程目标与内容

要想衡量出教材对美术课程的损耗，首先要明确衡量时用的是怎样的"尺子"。因此，首先需要对第一学段"造型·表现"学习领域课程目标与内容做一个整体的梳理。例如从具体文本的细节上看，第一学段"造型·表现"学习领域的课程目标为"尝试不同工具，用纸以及容易找到的各种媒材，通过看看、画画、做做等方法大胆、自由地表现所见所闻、所感所想，体验造型活动的乐趣"。通过分析，可以从此课程目标中提炼出四个课程目标的要点："1.尝试工具；2.体验容易找到的媒材（如纸）；3.大胆、自由地表现所见所闻、所感所想；4.体验造型活动的乐趣。"依据此思路，可以从"学""评"中提炼出课程内容的多个要点，例如："1.以游戏的方式；2.体验工具媒材的效果；3.借助语言表达自己的想法……"

虽然总结出多个课程目标与课程内容的要点，但由于文字较多，在教学衡量过程中仍显复杂，故本书为其制定一个"编号系统"。如：第一学段"造型·表现"学习领域中"学习活动建议"的第2条要求，即赋予其编号："1.1.2.2"，用四个数字分别来代表不同的内容。第一位数字代表此课程目标/内容隶属于第一至第四

学段的哪一段；第二位数字代表其属于哪个学习领域[①]；第三位数字代表其在课程标准文本中的来源[②]；第四位数字代表其在来源文本中的位置。依此编号系统，第一学段"造型·表现"学习领域中的所有课程目标、内容更加一目了然，便于使用（表3–2）。

表3-2 第一学段"造型·表现"学习领域课程目标、内容列表

1.1.1.1~ 1.1.1.4	1.尝试工具；2.体验容易找到的媒材（如纸）；3.大胆、自由地表现所见所闻、所感所想；4.体验造型活动的乐趣。
1.1.2.1~ 1.1.2.9	1.以游戏的方式；2.体验工具媒材的效果；3.借助语言表达自己的想法；4.尝试线条、形状、色彩；5.认识常用颜色；6.尝试纸材、泥材；7.学会使用简便的工具（加工纸、泥）；8.折、叠、揉等方法（加工方法）；9.尝试实物拓印。
1.1.3.1~ 1.1.3.6	1.大胆、自由地表达；2.观察；3.感受；4.想象；5.创作反映自己学习水平的作品；6.辨别12种以上的颜色。

根据此列表，第一学段"造型·表现"学习领域共提炼出课程目标4项，教学方法1项，课程内容14项。在课程目标中，知识技能类目标与素养类目标各占50%；在课程内容中，以知识技能类为主的课程内容占课程内容总量的78.6%，素养类课程内容占21.4%。

（二）对第一学段"造型·表现"学习领域课程目标与内容的分析

第一学段"造型·表现"学习领域提出的四项课程目标非常简单。前两项"1.1.1.1 尝试工具""1.1.1.2 体验容易找到的媒材

[①] 依照课程标准中对学习领域的先后排列顺序：1."造型·表现"学习领域；2."设计·应用"学习领域；3."欣赏·评述"学习领域；4."综合·探索"学习领域。
[②] 依照课程标准排列顺序：1.课程目标；2.学习活动建议；3.评价要点。

（如纸）"为工具媒材的学习与体验，属于知识技能类目标。后两项"1.1.1.3大胆、自由地表现所见所闻、所感所想""1.1.1.4体验造型活动的乐趣"则更多涉及学生态度和为学生提供独特的学习经历，因此更贴近素养类目标。

值得注意的是，在对前两项知识技能类目标的实现中，课程目标仅对"工具媒材"提出了学习要求，而课程内容却拓展了对"美术知识""美术技能""美术语言""表达方式"等方面的学习要求。如："1.1.2.4尝试线条、形状、色彩""1.1.2.7学会使用简便的工具（加工纸、泥）"等。当然，所有这些拓展的要求，都直接或间接地对"体验媒材""大胆表现"的课程目标有益。

三个与素养相关的课程内容"1.1.3.2观察""1.1.3.3感受""1.1.3.4想象"与课程目标"1.1.1.3大胆、自由地表现所见所闻、所感所想"关系最为紧密。增强对这几项素养的培养，是学生用美术进行表现的基础。这个课程目标属于"美术表达"素养，这一素养也是美术的核心素养之一。

二、教材对课程标准的实现情况

明确了课程标准中第一学段"造型·表现"学习领域的课程目标与内容，接下来，就可以以此为"尺"，衡量当下最常见的几个版本的中小学美术教材是否很好地实现了课程目标与内容。本书考察的美术教材来源包括：人民美术出版社、湖南美术出版社。通过对两个版本小学美术一年级上册教材进行衡量，探察其对课程标准中课程目标、课程内容的实现程度，并据此考察、分析在"课程标准—教材"的环节中课程损耗的情况及特点。

（一）课程目标达成情况列表及教材基本信息

1. 人民美术出版社小学美术教材

2013年审定的人民美术出版社小学美术教材一年级上册教材（以下简称人美版）共有"造型·表现"学习领域的课程12课

时①，约占本册教材总课时数的52.63%，本册教材完成的课程目标、内容如表3-3。

表3-3 人美版一年级上册"造型·表现"学习领域主要教学内容表

课题数	课题名称	主要教学内容	达成的课程目标
1	涂涂画画	使用水彩笔或蜡笔、涂色方法、10种色彩、观察	1.1.1.1、1.1.1.3、1.1.1.4、1.1.2.2、1.1.2.5、1.1.3.2
2	图形变变变	城堡：体验纸的加工、形状、撕、观察	1.1.1.3、1.1.1.4、1.1.1.2、1.1.2.4、1.1.2.8、1.1.3.2
3	可爱的家	家具：使用形状、剪刀、剪贴、观察	1.1.1.3、1.1.1.4、1.1.2.4、1.1.2.7、1.1.2.8、1.1.3.2
4	找妈妈	小动物和它们的妈妈：使用形状	1.1.1.3、1.1.1.4、1.1.2.4
5	玩泥巴	不限：捏、揉、搓等	1.1.1.3、1.1.1.4、1.1.2.8
8	变脸的太阳	太阳：构图（饱满）、使用色彩、观察、想象	1.1.1.3、1.1.1.4、1.1.3.2、1.1.3.4
9	我的手	手：使用色彩、剪刀、拓印/剪贴（2选1）、观察、想象	1.1.1.3、1.1.1.4、1.1.2.9、1.1.2.7、1.1.3.2、1.1.3.4
10	勤劳的小蚂蚁	蚂蚁：姿态生动、编故事、观察、想象	1.1.1.3、1.1.1.4、1.1.3.2、1.1.3.4
11	昆虫一家	昆虫：观察、想象	1.1.1.3、1.1.1.4、1.1.3.2、1.1.3.4
12	多彩的秋天	秋天：色彩与秋天的关系、疏密	1.1.1.3、1.1.1.4、1.1.2.5

2.湖南美术出版社小学美术教材

2012年审定的湖南美术出版社小学美术教材（以下简称湘美版）一年级上册教材共有"造型·表现"学习领域的课程12课时（全册共22课时），约占本册教材总课时数的54.55%，本册教材完成的课程目标、内容如表3-4。

---

① 全册共19课时，由于年画《乡情》只是扉页，故未计课时数。

表3-4 湘美版一年级上册"造型·表现"学习领域主要教学内容表

课题数	课题名称	主要教学内容	达成的课程目标
2	绕绕涂涂	无：尝试工具、尝试线条	1.1.1.1、1.1.2.1、1.1.2.4
3	田野的色彩	田野：色彩、观察	1.1.2.4、1.1.3.2
5	我的太阳	太阳：使用线条、色彩、感受、想象	1.1.2.4、1.1.3.3、1.1.3.4
6	我跟月亮做朋友	月亮：使用线条、色彩、观察、想象	1.1.3.2、1.1.3.4
7	七彩飞虹	彩虹：水彩、色彩、观察	1.1.2.2、1.1.2.4、1.1.3.2
8	奇妙的撕纸	无：纸材、撕贴的方法	1.1.2.6、1.1.2.8
9	撕纸添画	无：想象	1.1.3.4
15	我长高了	成长：表达、观察、感受	1.1.2.3、1.1.3.2、1.1.3.3
16	手拉手好朋友	拉手：表达、感受、想象	1.1.2.3、1.1.3.3、1.1.3.4
17	简笔画人	人的动态：线条（符合儿童爱好涂鸦的天性，正视、引导儿童常用的一种表达方式）、表达、水平	1.1.2.4、1.1.3.1、1.1.3.5
18	画画火柴人	场景：表达	1.1.3.1
19	蚂蚁搬家	蚂蚁搬家：表达、想象、细节	1.1.3.1、1.1.3.4

（二）知识技能类课程目标达成情况

1.知识技能类课程目标的实现

在知识技能方面，本学段"造型·表现"领域课程标准共提出"借助语言表达自己的想法""认识（使用）形状""认识（使用）常用色彩""学习纸、泥的加工方法（撕、卷、剪、贴等）""泥的加工方法""拓印"六种课程目标。

本册教材中，有助于实现"认识（使用）形状"目标的课时数为3课时；有助于实现"认识（使用）常用色彩"目标的课时数为4课时；出现"学习纸、泥的加工方法（撕、卷、剪、贴等）"这一目标的课时数为2课时；此外，本册教材还各有1课时出现了"涂色方法""泥的加工方法""构图""拓印"的教学目标。

从上文可以看出，课程标准中明确要求的各项知识技能目标，都已在教材中多次出现。不仅如此，教材编委还根据课程标准中课程内容的要求，结合日常教学经验，灵活地安排了几项课程目标中没有出现的知识与技能。

2."体验工具媒材"目标的实现

人美版美术第一册教材中，要求学生掌握的美术工具与媒材有：水彩笔、蜡笔纸、简便的工具（剪刀等）及撕（剪）纸、泥巴。在第一册的课本中，各有1课时专门以"体验（熟悉）工具媒材"为目的，帮助学生接触这四种工具、媒材。

此外，本册课本中另有5课时的课程，虽然设置了其他的主题，不再以"熟悉工具媒材"为主要教学目标，但仍强调要学生"自由地使用水彩笔、蜡笔或撕（剪）纸"的方法完成创作。这种"学习—强化"的模式是"行为主义"教育理念中最普遍、最有效的模式，在教材中得到了很好的保留。在这一学段中，课程标准专门提出的关于"实物拓印"的要求，在此版本教材的第9课《我的手》中得到了实现。

无论是水彩笔、蜡笔、撕纸还是拓印，都是适合低年级儿童用来表达自我的极佳方式。所以，课程标准第一学段"造型·表现"领域中关于"体验（熟悉）工具媒材"的要求，在人美版教材中得以完全实现。

湘美版教材在工具、材料上，亦遵循"从简单到复杂"的规律。值得注意的是，湘美版教材使用的是"示范作品暗示"的方式，让教师、学生可以直接看到可选工具的表现效果，并根据实际情况选择合适的工具、媒材（表3-5）。

表 3-5 湘美版一年级上册"造型·表现"领域工具、媒材使用统计

课题数	课题名称	使用到的工具、媒材
2	绕绕涂涂	材料不限，教材范画中使用的是纸、笔（水彩笔）
3	田野的色彩	材料不限，教材范画中使用的是纸、笔（水彩笔）
5	我的太阳	材料不限，教材范画中使用的是纸、笔（蜡笔）
6	我跟月亮做朋友	材料不限，教材范画中使用的是纸、笔（彩铅）、水粉材料
7	七彩飞虹	材料不限，教材范画中使用的是纸（图画纸、宣纸）、笔（水彩笔）、水粉材料
8	奇妙的撕纸	废杂志、色卡纸
9	撕纸添画	废杂志、色卡纸，教材范画中还使用了图画纸、水彩笔、蜡笔
15	我长高了	材料不限，教材范画中使用的是纸（图画纸、牛皮纸）、笔（水彩笔、彩铅）、国画材料
16	手拉手好朋友	材料不限，教材范画中使用的是纸（图画纸）、笔（水彩笔、蜡笔）、水彩材料
17	简笔画人	材料不限，教材范画中使用的是纸、笔（水彩笔）
18	画画火柴人	材料不限，教材范画中使用的是纸、笔（水彩笔）
19	蚂蚁搬家	材料不限，教材范画中使用的是纸、笔、水粉材料

（三）素养目标的达成情况

湘美版一年级上册教材中，着重要求学生去"观察"的有4课时，着重要求学生去"想象"的有5课时，强调学生去"感受"的有3课时。

1.感受力培养

与其他版本不同的是，湘美版教材对很多素养目标的培养，是在范画中以"提醒"的方式出现的。如：一年级上册第5课《我的太阳》，在课文中并没有要求学生加强感受，但是其中一幅范画的名称为"太阳烤得我好热啊"。

通过绘画的方式表达出太阳给自己的"感受""感觉",这种"情绪的表达"是艺术表现的重要途径。为学生讲解这样的道理,显然深奥难懂了一些,即使放在课文中要求教师正式地讲授,也会显得死板。所以,湘美版教材将其"隐藏"在范画中,供观察力敏锐的教师、学生去感受和学习。

2.想象力培养

第5课《我的太阳》要求学生学习想象。本课并未教学生如何想象,但在范画的名称中暗示出了两种想象的方法:"表达感受"(太阳烤得我好热啊)和"拟人"(太阳娃娃要睡觉了)。而第9课《撕纸添画》,则要求学生根据撕出的任意形状的纸片进行联想、添画,培养学生"联想"与"加法想象"的能力。

3.实现质量较高之处

湘美版第一册第15课《我长高了》着重强调,让学生感受观察自己的成长,并用绘画的形式将其表达出来。这是非常好的对课程标准的实现方式,既培养了一种工具素养"观察力",又在低学段的各版本教材中,罕见地培养了学生的美术核心素养——"美术表现"能力。用"罕见"来形容,是因为在以往的教材中,一般在初中阶段才会培养学生的"手绘表达能力"。而《我长高了》这一课,则抛给一年级的孩子几个难度较大的问题:"成长有哪些表现?怎样用视觉形式将其表达出来?"这样的问题,能够真正引导学生去思考、想象,并竭力用自己学过的美术知识、技能来表达。这也正符合了最新的课程标准修订精神——让学生用内化的美术知识技能来解决现实中的难题。

4.创造性实现

湘美版第一册中第17课《简笔画人》、第18课《画画火柴人》,一课是让学生掌握"人物动态的最简单画法",一课是让学生掌握"场景的最简单画法"。这两课都避免了以往简笔画的劣势——教学模式化，没有让学生用千篇一律的方式来表现某一事物。这两课为了让学生掌握表达过程中的最大障碍——"动态与场景"，选择了简笔画和火柴人的方式，尽量降低学生的表达难度，让他们把精力全部放在动态与场景的表达上。需要特别提出的是，课程标准中并没有对学生的表达能力提出这样具体的要求，这是湘美版教材为了达到"让学生能够自由地表达自己想法"的课程目标，自主开发出来的课程内容，是一种具有创造性的实现课程标准目标的方法。

在人美版教材的10个"造型·表现"领域课时中，对学生"观察"的要求出现了7次，对"想象"的要求出现了4次。此外，人美版的教材中专门设置了"我的发现""我来体验""艺术实践""我能创新""我爱探究"等固定栏目，促进学生创造力、想象力、探究能力与美术表达能力等素养的提高。教材涵盖了本学段、本学习领域中所有的素养培养要求。

通过上文的数据整理，我们可以看到，人美版的教材对课程标准中提出的素养培养目标覆盖率为100%。但是，通过对具体课程内容的分析，我们可以发现：虽然教材中多次提到培养学生的"创造力""观察力"，但培养成效却稍有不足。比如：本教材中每一课的"我爱探究"栏目，其中的问题难度都较低，同时也缺乏探究性（封闭性较强、可探究的空间不大、学生兴趣度不高）。（表3-6）

表3-6 人美版一年级上册"造型·表现"领域
"我爱探究"栏目内容列表

序号	课题名称	探究内容
1	涂涂画画	
2	图形变变变	
3	可爱的家	本页这些物品的外形有什么特点？它们可以用哪些形状来表现？
4	找妈妈	
5	玩泥巴	
8	变脸的太阳	观察上面四幅作品，想一想画面怎样安排才能显得饱满？
9	我的手	想一想，手形如何联想才有趣？
10	勤劳的小蚂蚁	
11	昆虫一家	学生作品是如何表现昆虫一家的？画中的主次关系是怎样安排的？
12	多彩的秋天	想一想，哪些颜色适合表现秋天？

在本册"造型·表现"领域课程中，"我爱探究"栏目共出现5次。其中三次与构图相关，如"这些物品可以用哪些形状来表现"；一次与色彩相关，如："哪些颜色适合表现秋天"；一次与想象力相关，如"手形如何联想才有趣？"

（四）教材损耗的现状分析

1.知识技能类课程目标损耗情况

整体来说，人美版教材高质量地实现了课程标准中对本学段、本学习领域提出的所有课程目标。从具体课程内容来看，在学生对美术缺乏基础了解时，先用"涂鸦"的形式让学生掌握最基础的美术元素——"色彩""形状"（前2课），然后各安排二至三节课程来强化学到的知识、技能。为引起学生的兴趣，增加其观察面，本册教材的课题变化丰富，从"城堡"到"我的家"，从"蚂蚁"到"秋天"，基本覆盖了这一年龄段的儿童生活中最具代表性的事物。因此，我们可以得到以下结论：此版本的教材内容安排合理、课题与教学方式变化丰富，即使抛开该教材已经在北京各地区中小学使用的良好效果，也能预测其在培养中小学生知识、技能方面获得较大成功的结果。

对于课程标准中的诸多要求，唯一一个未直接体现在人美版教材中的是"辨别12种以上的颜色"。本册第1课《涂涂画画》（图3-4）中列出了10种色彩的名称，此后再未出现过有关"帮助学生分辨颜色"的课程。这样做的原因，是单纯地要求学生"识记色彩名称、分辨颜色区别"的课程过于枯燥，学生在一年的课程中会多次使用到"水彩笔""蜡笔"等，基本可以保证达成"辨别12种以上颜色"的目标。但是，在本册教材的评价环节，从未出现过对辨别色彩的要求。因此，人教版教材在这一点上可以说未达到课程标准的要求。

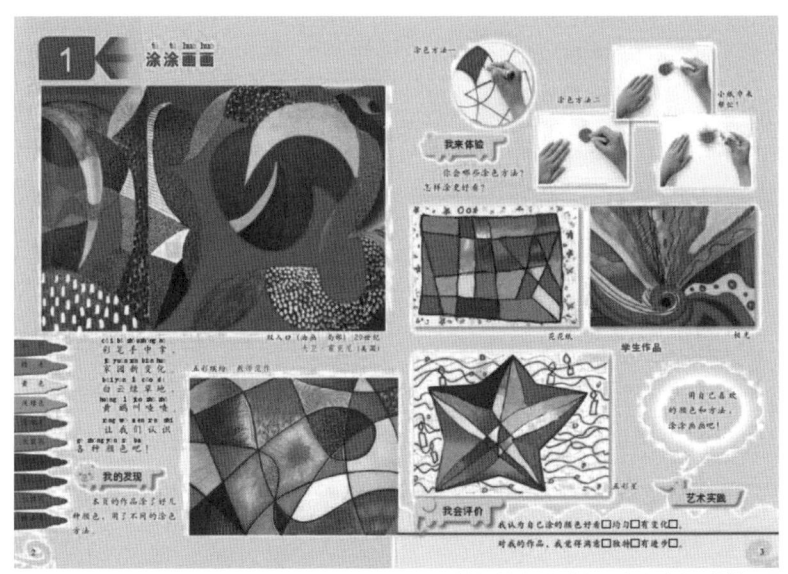

图3-4 人美版美术教科书一年级（上册）第1课

2. 教材对课程标准的"灵活"实现

比如，人美版教材在"认识色彩"的4个课时中，前3个课时都要求学生认识几种色彩的名称或使用色彩创作。而第4课时的具体内容是"引导学生了解色彩与秋天的关系"。这就不仅仅是完成课程标准上关于"辨别12种以上的颜色"的要求了，而是帮助学生在更深的层面上理解色彩与感觉的关系、色彩与抽象名词（秋天）的关系。

另外，一年级上册第八课《变脸的太阳》，已经开始教学生"如何构图"了。可以看出，教材对课程标准的教育目标做了一些小小的改变。第一学段"造型·表现"学习领域的课程目标虽然并未对任何美术造型的法则提出学习要求，但是教材编委显然认为在第一学段的两年里不要求学生学习任何美术造型法则，会使难度过低，会影响学生的学习兴趣和学习进度。对知识、技能项的灵活把握，体现了教材编委对美术知识、技能的深刻理解，折射出"双基时期"我国各层次美术教育工作者对基础知识、技能教学内容体系的较为深入的探索。

当然，对普通孩子来说，能够辨别12种以上的颜色的目标过于简单。很多儿童在学前就参加过各种美术培训班，他们不仅早已轻松达成"辨别色彩"这样简单的任务，而且有些在美术方面有天赋的儿童，已经有了很强的美术技法基本功。对没有接受过任何美术训练的普通儿童来说，即使他们中有很多人还无法叫出颜色的名称，但分辨十几种，甚至几十种色彩，已经毫无问题。

此外，关于儿童色彩学习的一些问题，如"辨别色彩是否是一种自然发展的能力？可以通过训练来加强吗？训练最佳时期在几岁？"等，这些问题是认知心理学中比较薄弱的方向，研究不够深入，结论也不明确。总结以上几点原因，教材编委在教材编写时将其作虚化处理，也可以理解。

3.素养类课程目标损耗情况

（1）两个版本对素养培养损耗的分析

人美版、湘美版教材虽然已按照课程标准的要求，重视学生的素养培养，但培养方式仍流于表面，严重缺乏培养体系与相关研究。关于培养体系，在第五章中有更为详细的论述。

（2）素养培养——培养学生对美术的兴趣

各版本教材都十分重视通过课题变化引起学生兴趣。人美版、湘美版这两个版本教材中的每一课都注重提高儿童在学习过程中的乐趣，以及他们对美术的兴趣。主要方式是通过课题的变化，给儿童带来新鲜感，所使用的课题也大多与儿童最关注的事物息息相关，如湘美版的"涂鸦""太阳""月亮""彩虹""蚂蚁搬家"，这些话题都是儿童本就感兴趣的，以这些内容为主题开展美术课，容易将学生对这些事物的兴趣延伸到美术课堂上来。除这种方法外，教材还通过"游戏"的方式引起学生兴趣。

4.我国教材体制对减少课程损耗的作用

我国使用一纲多本的教材，就是为了帮助教师更好地理解课程标准中的教育理念和意图。从我国的美术教材使用历史来看，有很多教师在教材中受益良多。但是，如上文分析，在教材没有很好地体现课程标准要求时，对于许多一线教师来说反而会形成束缚。各地都有资深教师放开教材、自由设定课程的情况，但更多地方的教师在课堂上必须按教材来教。因为校领导不一定同意教师进行自由发挥，学生、家长对此也可能有意见。

在教材问题上，我国与许多其他国家（地区）的情况形成了鲜明的对比。有些国家的教材成本偏高，很多学校无力负担。这有可能导致美术课程无体系、过分自由的后果，但是这也能让每位美术教师都将自己视为美术教育的"专家"，能够独立思考美术课程存在的价值与意义。每位美术教师都有很强的自主性，可以根据自己对美术教育的理解来开设课程。所以，这种体系反而促成了"教育理念从课程标准到与一线教师直接连接"[①]的结果。

相比之下，我国的教材模式既有优势也有劣势。在有教材的情况下，教材可以为很多教师提供借鉴，尤其是当教材质量非常高的时候，能对整体教学质量起到非常大的提升作用。这为教师省去了"建立美术教育体系"的麻烦，可以说省去了很多重复劳动。但是，也容易强化教师对教材的依赖性，降低其主动性，这也是一个不利方面。

总体来说，拥有这些低成本的教材是我国美术教育的一个极大的优势。教材编写者应该把握这个优势，在课程标准与美术教材中，既应该为教师筛选教学内容，也应该指明教育的理念；既要具有启发性的案例，又要具有足够的开放性，让教师自己去发挥，并主动思考如何才能教得更好的问题。

第三节 其他国家与地区教材中素养培养的启示——以创造力为例

一、美术课程标准中对创造力培养的要求

上一节抽取不同版本、相同年级的教材，对教材中"造型·表现"学习领域的课程对课程标准中知识技能类、素养类目标的实现情况进行了整体分析。通过上节的分析，笔者认为：我国美术教材在实现培养素养类目标的问题上仍有一定的提升空间。而本节则聚焦于国内各版本教材在"创意实践"（创造力）培养方面与其他国家（地区）教材的差异。通过比较，可以得出我国教材在创造力培养方面出现损耗的原因，亦可借鉴其他国家（地区）

---

① 在没有购买美术（视觉艺术）课程标准、教材的学校里，美术教师亦可通过各种渠道了解美术教育及教育领域的最新理念。本书第五章中有关于此种"沟通渠道"的进一步探讨。

教材的创造力培养的方式，取长补短。

培养创造力一直是美术学科的重要目标之一，美术学科在培养学生创造力方面有其独有的优势。实际上，从1950年《小学图画课程暂行标准（草案）》起，至2000年前多次改版的美术教学大纲中，都曾明确地将"创造力"设置为教学目标。2015年进行的新一轮美术课程改革，也将"创意实践"制定为美术学科的五种核心素养之一。可见，培养创造力在美术学科的教育目标中的地位越来越高。但是，对于这样一种已提出多年的素养目标，在教材中仍比较缺乏对培养方法、手段的探索，这极大地影响了这一素养目标的达成。因此，本节即以"创造力"这一素养为例，对比国内外多个版本教材中的创造力培养方法与手段，希望能够对这一问题进行改善。

（一）对创造力培养重要性的定位

1.创造力培养在课程标准中的地位

鉴于新世纪对人才创造能力方面的需求越来越高，在近年来的多次课程改革中，培养创造能力在美术课程标准（或教学大纲）中的地位呈逐年上升趋势。在《义务教育美术课程标准（2011年版）》（后简称"美术课标"）中，"创新、创造力、创造能力"等几个与此能力相关的词汇出现了30次以上，还有更多与培养创造力相关的理念，如观察力、想象力，以及好奇心、学习兴趣等。

在美术课标前言中，创造力与"图像传达与交流的方法""形成视觉文化意识"二者并列，成为"当代美术课程的基本取向"。同时，美术课标前言中明确指出美术课程能够培养出的现代公民基本素质包括"人文精神、创新能力、审美品位和美术素养"。

课程标准最关注的隐性能力目标，莫过于"观察能力、想象能力、创造能力和审美能力"四者。因此，可以看出新课程标准已经把培养学生的创造力放到了前所未有的高度，将其作为现代公民的核心素养之一。

2.注重创造力培养是一种课程理念

在"基本理念"一节中,"注重创新精神"成为美术课程的四大基本理念之一。现代社会之间的竞争,是一场挖掘每个社会成员潜力的竞争,而创新又是潜力的典型表现。

除了注重培养学生的"创造力"本身外,课程标准还强调美术课程应注重培养学生"将创意转化为具体成果"和"创造性地使用美术(或其他学科)知识技能解决实际问题"的能力。这对创造力使用的要求更高,并且冲破了学科的局限。

3.教学建议中有益创造力培养的理念

在第四部分(实施建议)的寻常建议中,提出要"营造有利于激发创新精神的学习氛围",引导学生独立思考,发现问题,形成创意,并创造性地使用美术语言和多种媒材加以表达。

(二)各学习领域中对学生创造力的培养

1."造型·表现"学习领域中对创造力培养的描述

在课程标准的第二部分,课程目标的"分目标"的"造型·表现"学习领域中,想象力和创新意识是通过"观察、认识造型元素、运用各种形式原理"的方法来培养的。因此,可以看出在这一学习领域,掌握美术学科的基本造型元素、形式原理是学习的重点。

在本领域中,并没有具体培养创造力的方法。但是,创新作为一种理念,始终贯穿在课程中,尤其应该要求学生在动手表现的时候要富有创造力。可以看到,在"评价要点"部分,学生的作品是否具有"想象力和创造力"是评价学生作品和教师教学的重要标准之一。

2."设计·应用"学习领域中的创造力培养

设计创意是一种特殊的创造力应用领域。它需要设计者"根据物品的用途,大胆进行想象,表达自己的创意",还要根据材料的特性、设计意图和实用功能发挥自己的想象力与创造力,并在合适的年龄阶段，逐渐尝试将自己的创意制作成实物。因此，在这一学习领域，"学会设计创意"是最核心的知识技能之一。

3. "欣赏·评述"学习领域中的创造力培养

教师在欣赏评述领域中主要引导学生感受艺术作品，了解创作者发挥创造力的方法，尤其是要理解设计作品中的创意。

4. "综合·探索"学习领域中的创造力培养

这一学习领域主要培养学生使用跨领域、跨学科的知识技能创作艺术作品的能力，使学生能够解决创作过程中遇到的问题。如结合科学学科知识，运用平衡、运动、声、光、电等原理，设计并制作简单而有创意的作品。

从2001年的课程改革开始，重视学生的创造力培养就已经获得非常重要的地位。但是，这么多年过去了，学校所培养出的学生仍然缺乏创造力，甚至连专门培养儿童创造力的课程都比较少。因为虽然课程改革和课程标准中始终强调培养创造力的重要性，但在教育真正实施的时候，却很少有人思考如何培养创造力。在美国的一项"教师眼中的创造力培养"研究中，发现了这样一种现象：虽然一线教师大都赞同创造力培养的重要性，但他们中的绝大多数，只是能够判断出学生的哪些"行为"可以体现创造力（如：原创式思维、想象力、好奇心、尝试思考、艺术和语文上的创作，等等），教师们经常会将"高智商""学习成绩好"的学生和"有创造力"的学生混淆。此外，大部分参与这次问卷调查的教师都认为，创造力培养不是普通老师的责任，而应该有一位专职教师来负责。

二、创造力在课程改革中的地位与培养途径

（一）培养学生创造力的重要性

在21世纪的第一个十年里，以个人创造力、灵感为发展动力的"创意产业"，逐渐成为世界最发达国家和地区的宠儿。理查

德·佛罗里达在《创意阶层的崛起》一书中指出：创意产业每天为世界创造220亿美元的价值，以高于传统产业24倍的速度增长。美国GDP的7%、英国GDP的8%由它贡献。创意产业已经成为众多发达国家的支柱性产业。令中国经济持续快速发展的"中国模式"遭遇了人口老龄化等一系列问题，需要进行产业升级和转型。这一切都需要大量的创意人才来支撑。

他还指出：在美国社会的四个主要职业群体（农业阶层、工业阶层、服务业阶层、创意阶层）中，后二者（即所谓的第三产业人口）超过就业人口的80%。而中国的这一比例仅略高于34%。很多人都意识到中国缺少第三产业，其实最主要的差距源于缺少创意阶层。[1]

（二）有益于创造力培养的教育理念与具体方法

创造力是指产生新思想、发现和创造新事物的能力。虽然是以"能力"为主，但它更接近于一种思维方式。神经学领域的最新研究成果表明，当人们尝试去解决一个问题，首先会专注于一些显而易见的事实和常见的解决方法，这通常是左脑的功能。当你发现这样无法解决问题时，左右脑就会协同运作：位于右脑的神经网络会扫描那些可能与问题相关的遥远记忆，大量看似无关的信息汇聚到大脑左侧，查找从未有过的思维类型、独特含义和高度抽象的概念。一旦形成这样的关联，左脑必须锁定一闪而过的"灵感"，让整个大脑从先前的"发散型"状态变成"聚合型"状态。就在这一瞬间，大脑将思维的碎片"捆绑"起来，"好主意"由此诞生。[2]

因此，要培养学生的创造力，首先需要注重学生"思考方式"

---

[1] 理查德·佛罗里达. 创意阶层的崛起[M]. 司徒爱勤，译. 北京：中信出版社. 2010: XIV.
[2] 钱初熹. 面向社会的创新美术教育[J]. 美育学刊, 2011 (02): 53-62.

的培养。在实际教学中，教师往往只重视将知识传授给学生，而忽略了学生思维方式的训练。

1.促进学生创造力成长的理念

儿童生而富于创造力，但在很多情况下，反而是在教育中慢慢磨掉了他们的创造天分。所以，促进学生创造力的成长，与保护儿童天性有很大的关系。比如：保护学生的好奇心、兴趣爱好、想象力、与众不同的思考方式，培养学生的思维能力，鼓励学生大胆尝试、接触新鲜事物，避免嘲笑学生、惩罚学生的"淘气"，这些方式都有利于促进学生的创造力成长。

教师在课堂中的一言一行，无不影响着学生的思维习惯，进而影响学生创造力的发展。符合上述理念的教师，对于保护儿童的天性、促进学生创造力发展，起着至关重要的作用。

2.促进学生创造力发展的具体方法

促进创造力成长的思维方式训练有很多，包括发散思维、形象思维、联想思维、逆向思维、比较思维、聚合思维（将发散思维中得到的尽可能多的思路，引到条理化的逻辑顺序中，得到最佳结果）、组合思维训练（尝试将任意元素组合在一起，创造新事物）、创造性想象（如：头脑风暴、无尾故事训练、感官想象训练）等。

美术是最适合多种思维方式同时使用的科目之一。"形象思维"是美术学科最擅长培养的能力，能为学生积累视觉形象，奠定创造性思维的基础。如果能够将美术课程与创造力思维方式训练相结合，就能在讲授学科知识技能的同时，有效地培养学生的创造力。

三、其他国家和地区美术教材中培养创造力的方式

从以上对课程标准中关于创造力培养内容的分析中，可以看出课程标准将创造力培养放在十分重要的地位，其中也提出了很

多对培养创造力十分有效的教育理念。

但是，这些理念在几种常见的教材中却没有得到足够的体现，教材中可以直接或间接促进学生创造力成长的环节很少。这样很难达成课程标准对"培养学生创造力"所提出的要求。

放眼世界，很多其他国家和地区在学生创造力培养方面，都有很好的经验可以借鉴。比如：在美国戴维斯出版社出版的《艺术探险》和中国台湾的《美劳》等教材中，很多课程都渗透着关于创造力培养的理念和思维训练方法。通过对这些教材的分析，可以发现，这些教材比我国现有的几种常见教材更能有效地培养学生的创造力。

这些国家和地区的教材在创造力培养方面的长处，主要集中在以下几个方面：

（一）特设环节促进创造力发展

在《艺术探险》一书中，很多课程往往先让学生学习某种美术知识、技巧、形式语言，在最后一个环节要求学生在学会知识技巧的基础上，进行自己的发挥、想象。

以《艺术探险》第4册为例：第9课的课题是《对称的形状——画昆虫》，在学生学会了对称的昆虫画法后，教材要求学生用已知的形状画出一个"想象中的昆虫"。

第4册第24课《人物的多角度表达》，要求学生"使用一种想象的交通工具去上学，并想一想，如果你要表达自己乘坐这种交通工具的样子，你会选择哪个视角"。

第4册第33课《设计字母》则更为明显：为自己的姓名或一个喜欢的词汇设计字体，要求将字母设计成与词意相关的形象。

第4册第35课《卡通动漫》中的最后一个环节，要求学生先画出一种动物的速写，然后再尝试着将其改成一个动漫形象。比如将动物改成圆形、菱形或方形，让它的眼睛向上或向下看，等等。除此之外，再尝试找到一种独特的创造动漫形象的方法。

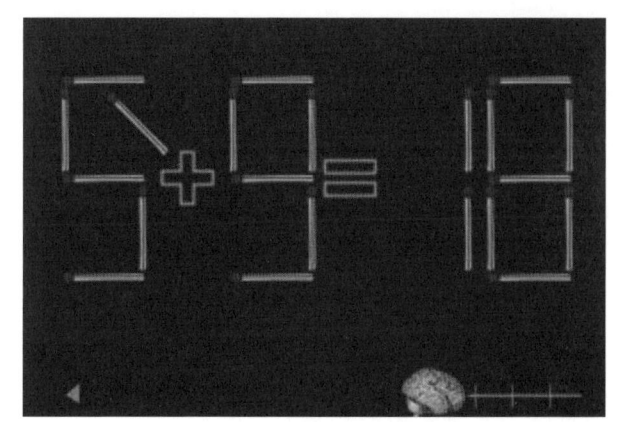

图3-5《形象思维训练——摆火柴》

在湘美版教材中，每一课的最后都有"思考·练习""学习活动"板块，以促进学生的思考。低年级教材的这一板块尤其注重促进儿童想象力、创造力的发展。比如一年级上册第5课《我的太阳》，要求学生"画一画自己想象中的太阳"。

与《艺术探险》中促进学生想象力的方式相比，人美版、湘美版等国内教材虽然已经开始注意要求学生"发挥想象力"，但是并没有为儿童提供构图的方法、角度。教材中的问题，只能由教师凭借经验来解决。

（二）关于形象思维的环节

训练形象思维时，常用的方法是"摆火柴"式的游戏（图3-5）。这种游戏很容易引导学生将逻辑思维和形象思维结合起来。在美术教学中，训练学生的形象思维相对更容易些，而且方法更多。

观察、想象和联想等能力的训练，是形象思维最主要的训练方式。改变学生只看不观察的习惯，可以增加视觉形象的接受度；课后增加的想象环节，能够帮助学生回忆先前接受的形象，并以此为基础展开想象。

在《艺术探险》第1册第4课《无处不在的形状》中，教材引导低年级儿童发现作品中的各种形状。这是一种非常简单的形象思维的视角，能够促进学生将所有视觉形象转化为"形状"，进一步训练学生的视觉思维，防止学生养成"视而不见"的视觉劣习。

第4册第26课《探索人物画的风格》，虽然是一节欣赏课，却要求学生进行想象创作的流程："如果由你创作一幅油画，你会以怎样的步骤完成？比如，你会先画前景还是背景？你会从大体形象画起，还是从细节画起？"这样的思维过程和亲手绘画一样，可以训练学生的视觉思维。

第4册第36课《幽默插画》中讲述了一位喜欢用插画"讲故事"的画家——诺曼·洛克威尔。书中列举了他最经典的一幅插画作品，其中暗藏着一百个有趣的细节（图3-6）。教材向学生提出的问题是："这么多有趣的细节，你能找到多少个？为什么人们喜欢寻找画面中的细节？"通过这样的问题，吸引学生仔细观察画面的细节，提高学生的观察力。

（三）培养学生的组合思维

锻炼组合思维亦是提高学生创造力的重要途径，比如"重新组合""异类组合"[①]等方式，都可以有效地培养学生的组合思维。

《艺术探险》第4册第29课《自然生物细节的观察与想象》中不但要求学生认真观察植物、动物、昆虫的细节，在教材的最后环节，还要求："想象你发现了一种完全未知的昆虫，想象它身体上会有哪些细节，并试着把它画出来。"

同册第2课《运动、线条和形状——无言的表达》，为学生提供了一个排列和组合点、线、面等视觉艺术构成基本要素的机会，

---

① 将两种或两种以上的不同种类的事物组合，产生新事物的技法。这种技法是将研究对象的各个部分、各个方面和各种要素联系起来加以考虑，从而在整体上把握事物的本质和规律，体现了综合就是创造的原理。

第三章 美术课程在教材中的损耗　　73

图 3-6《幽默插画》课中诺曼·洛克威尔的作品

并要求学生使用这种排列组合方式表达自己的意图（图 3-7）。

此外，这些教材中要求学生将毫不同相关的事物组合在一起进行创作的例子还有很多（如机械与恐龙、骑车与飞翔等）。这一类课题在我国教材中虽也有体现，但整体来说比较少。我国美术教材在学习主题、技巧上偏于"单一"的现象，对学生的创

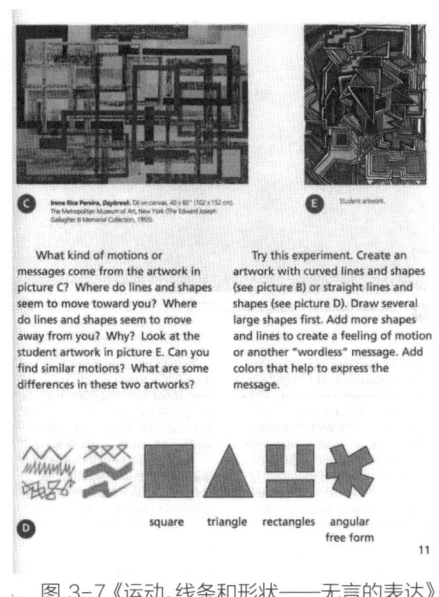

图 3-7《运动、线条和形状——无言的表达》

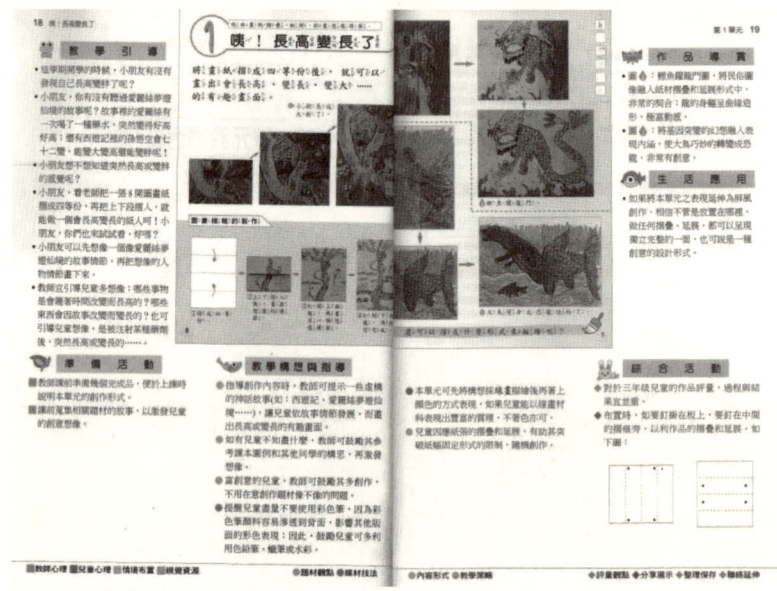

图3-8《美劳》3年级下册第1课《咦！长高变长了》

造力成长是不利的。

（四）发散与逆向思维

中国台湾地区《美劳》教材3年级下册第1课《咦！长高变长了》中，要求学生将纸折成四等分（或更多），让学生画出一个"会长高的形象"。此外，教材中还提醒学生，由于折痕将画面分割成了几个部分，如果每个部分都"长出"不同的动物、植物，效果会更好（图3-8）。

用这样的方法上课，可以让孩子发现：画面与生物一样，也是可以生长的。教材还在其中一幅画面完成之后继续考验学生的想象力，让他们用不同的思路将剩余的画面补充完整。

（五）关于创造力培养的教育理念

除了这些可以培养学生创造力的具体思维训练方法外，注重保护学生创造力的天性（如：好奇、兴趣、自信、顽皮、多动等），也是非常重要的。但是，爱达荷大学的一项研究显示，虽然大部分教师都赞同创造力培养有一定的重要性，但它仍"没那么重要"。此外，大部分教师都认为创造力培养"与自己无关"，而应该由"专职教师来培养"。本书的调研结果亦显示：国内大部分美术教师对保护、培养学生创造力的理念与方法还知之甚少。因此，如果能在教材中加强对相关内容的建设，对于减少创造力相关课程目标的损耗有较大意义。

仍以中国台湾《美劳》3年级下册第12课《你看！我这样利用——树枝、木片》（图3-9）为例，在"教学指引"中，特意强调"教师应该肯定每个儿童的不同价值，让儿童发现自我、肯定自我"，并指出"在上课中，儿童的牢骚与制作态度，教师应该多加关心和疏导"。

培养创造力是一项复杂的系统工程，无法仅通过教材的改变而实现。它需要社会和教育工作者提高对创造力的认识，并以培养学生创造力为己任，这样才能有更好的教育效果。

如果每一位美术教师，都能够轻松地识别到教材中有关培养学生创造力的思维方式训练方法，就能够更好地引导每一位学生参与到创造性的活动中来。可是，在实际生活中，这种理想的状态是很难达到的。至少，就目前美术教师的普遍情况来看，想要在短时间内达到这样的状态是不可能的。所以，教材需要承担更多的任务。另外，将创造力培养的理念与训练方法直接或间接地写进教材、教参中，也能更好地提醒教师，要始终将学生的创造力培养放在重要的位置上。

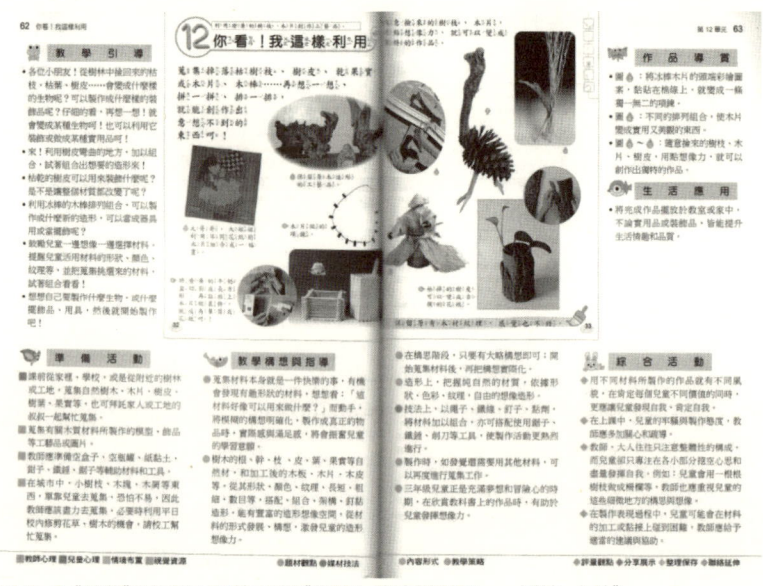

图 3-9《美劳》3 年级下册第 12 课《你看！我这样利用——树枝、木片》

第四节 教材损耗的产生原因分析

一、沟通不畅，存在理解差异

课程标准的制定是一个长时间斟酌与考量的过程，课程标准研制组成员大多是来自全国各高校的美术教育方面的专家、学者，他们受后现代课程观的影响较大。但是，教材编委与课程标准研制组不同，他们对教学内容的理解存在较大的差别。为提高教材的"实用性"，各教材编写组一般都会有数位一线教师参与。但是，由于很多教材编委还持"双基"教学时期的教育理念（如过分重视知识技能等），所以这种做法也使其教育理念渗透进了教材中。虽然我国现在使用的是"一纲多本"的教材策略，但是由于上述编写现状，教材仍然没有很好地达到课程标准的要求。

在最新一轮的课程标准修订过程中，已经采用了"课程标准的制定专家编写教材及教学设计样章"的方式来减少教学理念流通不畅的现象。但即使是这样，由于不是面对面的沟通，且沟通的频率不足，沟通仍然不彻底。课程标准编写专家编写出来的样章，是否体现了课程标准的意图？这些意图是如何被体现出来的？教材编写者与一线教师是否能较好地理解样章？这些问题都有待观察。

二、教师缺少教材选择权

教材的选择与教师无关，一般由地方教育行政部门决定。我国现行通用的美术教材版本丰富，内容多样，完全可以满足美术教师对教学的需求。但是，由于缺少教材选择的自主权，教师即使特别熟悉、喜欢某版本教材的内容、风格，也要依照上级教育行政部门所选择的教材作为教学实施的依据。由此可以看出，虽然我国教材有多元化等优势，但由于教师缺乏教材选择的自主权，这些优势并未得到很好的发挥。

三、缺乏后现代课程观教学内容的研发经验

教材与课程标准不同，不是为教学指出方向，而是为教学提供细节性、操作性的材料，提出具体的教学内容，以及对应的教学方式、评价方式等。而最能把握合适的教育理念的专家有限，不能对每一个细节问题都进行探讨，在很多情况下只能探讨出一种方向。

在教育理念中，有很多因素是对立的，厚此即薄彼。所以，其实不存在完美的教材。课程目标都需要随着美术教育工作者们认识的进步而不断修订，所有版本的教材也在随着课程目标与编写者认识的改变而不断修订，后现代课程观理念逐渐在各科课程中占据主导地位。但是，现代课程观主导下的教学内容的研发已

经持续了近百年的时间，而后现代课程观主导的相关教学内容的研发，却只有十几年的历史。因此，后者课程体系的完整性、有效性都远未发展到极致。

教材最主要的作用是帮助一线教师把握一课时量的教学内容、教学方法、作业形式和评价方法等具体教学策略。从"双基"时期至今的教材发展情况可以看出：某些教学内容的方向早已确定无疑，例如中小学美术教学内容中一定包括中国传统绘画"国画"的教学内容。国画教学本身就是一个庞大的教学体系，从熟悉材料到对技法、理念的学习，都在中小学教材中得到体现。具体到一课时的教学内容，也已经有比较确定的部分，如"尝试水墨工具""对写意花卉中梅兰竹菊题材的把握""中国画中笔墨所创造出的意境"等，都是中小学美术教材中必教的内容。

肆 [第四章]

79 **教学实施过程中的损耗探析**

80 第一节 教师对课程目标的理解及损耗分析

106 第二节 教学案例解析与课程损耗情况的考察

第一节 教师对课程目标的理解及损耗分析

教师对达成课程目标、培养核心素养的理解，是美术课程能否实现的关键。在"课程目标——课程内容——教学实施"的链条中，"教学实施"是损耗发生最严重的环节。本节意在通过访谈，厘清教学实施环节课程损耗现象的背后，是由怎样的教学理念所引导的，以及这些教学理念的来源为何。这对了解这一环节课程损耗的特点，分析其原因并提出解决方案，具有十分重要的意义。

一、问卷调查与访谈的设计
（一）问卷调查设计

2015年3月，为"国家教师培训课程标准"研制工作而进行的大样本问卷调研全面启动，此次问卷调研的主要目的是了解教师的基本情况。调研内容可以有效地反映出教师的教学理念，以及对教材、教学方法、知识技能、教学评价等方面的认识，问卷调研为本文分析美术课程损耗原因提供了主要的依据。

本次问卷调研由首都师范大学牵头，有浙江师范大学、四川师范大学等数所大学参与，团队成员十余人，其中教授5人、副教授2人、博士研究生3人、硕士研究生8人。问卷设计项目主持人是尹少淳教授，第一协调主持人是李力加教授，教育统计学顾问是罗峥副教授，浙江师范大学研究生团队主要负责问卷的发放、回收、整理和分析工作。

本次问卷调研的调查对象包括：2015年5月在杭州浙江大学参加"千课万人"美术课堂观摩活动的来自全国各地21个省市的中小学美术教师；2015年4月参加浙江省中小学美术"疑难问题解决"专题研训的来自浙江各市县（市、区）的美术教研员及义务教育学段美术骨干教师。

浙江师范大学研究生团队的统计结果是："本次调研共发放问卷450份，回收368份，回收率达81.8%，删除无效问卷，得有效问卷341份，有效回收率75.8%。

其中，女性教师约占样本总数的四分之三，男性教师约占四分之一；教师学历以本科为主，专科学历占13.9%，硕士与中专学历的教师比例相当低。

被调查的美术教师年龄主要集中在30岁以下、31—40岁这两个年龄段。教师的教龄主要集中在3—7年、12—20年这两个阶段，约四分之一的教师教学时间超过3年，近三分之一的教师教龄超过12年。

调查数据显示，六成以上的教师在公办一般学校任教，教师的职称主要集中在中教一级/小教高级、中教二级/小教二级这两段。"[1]此次问卷调研以封闭式题目为主，辅以半封闭、开放式题目。对单选题中态度题的选项赋值，根据题目内容设定4级量化，以此进行数据分析。

（二）访谈设计

本次访谈，意在弥补问卷调查所得数据容易流于形式的缺陷，让受访教师更好地阐述自己的教学理念，还原日常教学情景，反映教师关注点，并以此作为探寻课程损耗原因的依据。本次访谈大纲问题的设计基于上述调研问卷，以探查"教师的课程标准理解、教学理念、教学方法策略、素养培养"等方面的情况为方向，对超过9个省及20个县、市、区的中小学的32位教师进行深入访谈。

其中，中学教师约占总人数的68.8%，小学教师约占总人数的31.2%。男性教师约占访谈人数的34.4%，女性教师约占访谈人

---

[1] 本文所引用的问卷数据，主要为陈亦飞为首的浙江师范大学团队整理，李力加教授审核。为简洁起见，引用时只标明第一整理者，下同。

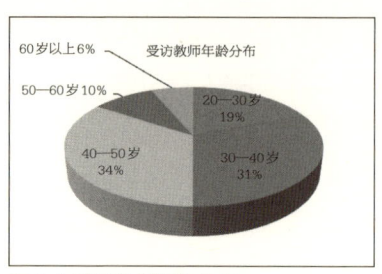

图4-1 受访教师年龄分布　　　　图4-2 受访教师职称分布

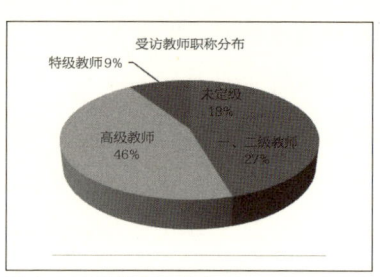

数的65.6%。

受访教师年龄情况为：60岁以上受访教师约占访谈人数的6%，50—60岁受访教师约占访谈人数的9%，40—50岁受访教师约占访谈人数的34%，30—40岁受访教师约占访谈人数的31%，20—30岁年轻教师约占访谈人数的19%（图4-1）。访谈者的年龄分布基本接近我国全体美术教师年龄分布。需要说明的是，60岁以上的教师均为临近退休的教师或返聘教师。

受访教师职称情况为：特级教师约占全部访谈人数的9%，高级教师约占访谈人数的46%，一级、二级教师约占访谈人数的27%，未定级的年轻教师约占总人数的19%（图4-2）。

受访教师教龄情况为：10年以下6人，约占访谈人数的18.8%；10—20年16人，占访谈人数的50%；20—30年7人，约占访谈人数的21.9%；30年以上3人，约占访谈人数的9.4%；

受访教师所在学校的情况为：来自北京、上海、天津、江苏、山东等东部地区学校的受访教师人数约占总人数的30.3%，来自中西部地区①学校的受访教师人数约占总人数的69.7%。

从访谈对象的来源可以看出，此次访谈的地区跨度很大，大部分受访者来自经济不发达的中、西部地区，基本可以反映一线基础美术教育的现状。为获得较好的访谈效果，更好地探寻受访

---

① 此地区划分遵从"七五"计划时期的划分。

教师的教学理念和教育思想，本次访谈对象的教龄、职称都略高于美术教师人群的平均值。因此，可以推断，本访谈所得到的美术课程损耗情况，以及教师对课程损耗问题的应对方法，将优于实际教学。

二、与素养相关的问卷和访谈结果分析

（一）教学范式的变化

1. 从教师主导到"去中心化"

丹尼尔·贝尔在《后工业社会的来临》一书中指出：后工业社会是围绕知识组织起来的，目的是管理社会、指导创新和变革。由于个人电子计算机和网络的普及，大部分（旧）知识已经是免费公开的了。根据丹尼尔·贝尔的这一观点，创造（新）知识已经成为未来社会创造财富的最主要形式之一。他对知识的定义就支持着这一观点：知识是一组表明一个推理判断或者一个实验结果的关于事实或想法的有条理的陈述，它可以通过交流媒介以系统化的形式传播给其他人。面对这样的情况，如何教会学生获取（旧）知识、创造（新）知识，应该会成为未来教育最主要的课题。

面对这样的改变，教师是否已经做好了准备？遗憾的是，从问卷与访谈的结果来看，大部分教师的理念还未完全转变，更谈不上"有所准备"。大部分教师"对自主探究的理解有误"，"不愿放弃课堂主导权"，而且"仍然认为学生有错，仍然认为与教科书不一致就是错误"。

以表4-1为例，可以看出，超过90%的教师选择"完全同意"或"同意"自己"会引导学生进行探究式的美术欣赏"。但是，在表4-2中可以发现，教师在面对"欣赏与表现相结合的方式""转换角色，让学生当'小先生'的方式""学生自主探究的方式"三个选项时，其选择却出现了分化。相对于后两种方法，教师更愿

意使用更传统的"欣赏与表现结合"的方式来授课。尤其需要注意的是，即使同属于自主探究性质的后两种教学方式，教师仍然"不愿意让出课堂主导权"：选择让学生当"小先生"的教师比例，比选择"自主探究"的比例还少10%以上。

应该看出这是一种进步：虽然有很多教师仍抱着以前的教育理念，但他们也逐渐开始重视"提问"和"学生自主性"的重要作用（这本是泰勒经典教育学原理中也强调的教学方式），只是不强调让学生试着"自主欣赏""学会欣赏"的现实问题还须重视。

表4-1 欣赏方法与程序

题号	题目	M（平均数）	SD（标准差）	完全同意%	同意%	不确定%	不同意%
1	我会引导学生进行探究式的美术欣赏。	3.26	0.59	33.8	59.1	6.8	0.3

表4-2 培养欣赏兴趣

题号	题目	选项	百分比%
2	教学中我会采用以下哪些方式进行欣赏教学	欣赏与表现相结合的方式	
		转换角色，让学生当"小先生"的方式	
		学生自主探究的方式	
		其他	

在访谈中，教师的想法亦证明了此结论。比如，山东胡阳镇初级中学的花庆锋老师在访谈中说："关于《格尔尼卡》这幅作品的教学内容，主要就是：1.构图、线条；2.作者为什么要这么画；3.画中人物的表情为什么这么狰狞。当然，学生经常回答不了这些问题，在这种情况下，就需要教师进行大量引导。所以，我感

觉上欣赏课特别累……"此外，还有很多教师表示："如果将课堂放开，学生就会'瞎说''胡说'，说出很多错误的答案来。"可以看出，教师与学生都已经习惯了"教师讲""学生听"这种"简单"的课堂。知识由教师讲出来是比较简单的，但信息时代需要学生学会的是"搜索旧知、创造新知"。对于这一点，即使一些特级教师也没有足够深入地思考。

比如，北京市特级教师张宏旺是一位教学经验丰富、教学思想非常深刻的教师，他已经认识到"给学生一碗水，教师应有一桶水"，但有了网络，学生都有了"一碗水，甚至一潭水"。

有了这样的思想，就是已经思考到"在后工业时代（信息时代），已经没有封闭的知识，知识对学生都是开放的"。但是，张老师对这个问题的理解没有更进一步思考："既然学生能够随便获得知识了，为什么还要在学校获取知识"这样一个教育哲学问题。虽然没有再进一步思考，张老师仍就此问题做出了应对："一方面，学生懂得多，其实是好现象，不要怕被学生抢了风头；另一方面，这也成了让我保持学习的一个主要动力。"

可以看出，用这样的观点来对待"知识开放"这一教育领域的根本性变化，对比以往的教学模式仍然偏于保守。在后现代社会，虽然知识是开放的，但学生仅依靠"搜索引擎"与"网络知识库"，也不一定能成功地建构起自己感兴趣领域的知识体系。在"协助学生构建知识体系"方面，学校仍有其特殊的优势。另外，"引导探究"与"自主探究"的差异在本次访谈中的一个案例中出现，可以很好地体现出"学生在教师引导下进行探究"与"自主探究"的区别。

四川泸州市江阳区分水岭镇初级中学的赵静老师在访谈中提到：讲授波提切利的作品《春》时，有的学生问："画中女人的肚子怎么都这么大？"不等教师回答，其他学生就七嘴八舌地抢着说道："都是孕妇吧？""不对，是吃撑了！"这时，赵老师选择这样引导学生:"还有没有其他的想法?"她认为,这样引导,学生就会继续开拓思维,从而想出更多的答案。

可以说,这种应对方法已经非常到位——引导学生用自己的头脑来解答问题。想解决这个问题,学生需要结合所有学过的美术欣赏知识,在此基础上搜索相关的社会、历史背景等信息。首先,学生要明确,关于这个问题的猜测可以分成几种类别:画中女性的肚子比较大,这可能是一种"审美风尚",或含有某种"寓意"(孕育),也有可能是画家的一种"表达"(怀孕、吃撑)。到底哪种猜测最符合真相?这需要结合前文"欣赏公式"中提到的几种欣赏的"关键因素",让学生一一考查或排除,最终得到答案。

比如:认为《春》中的人物形象是"吃撑了"或"孕妇"的同学,要寻找作者表达的人物形象的具体信息,如果能查出《春》中的女性形象都是"贪吃"或"怀孕"的证据,就可以证明作者有表达这种思想的意图。而认为这是一种表达风格、审美风尚的同学,则需要查找多幅同时代的"大肚子"作品,以证明这是当时的一种绘画风格。认为这是个人风格的同学,需要查找作者波提切利的多幅作品,如果其中都有这样的形象,即可证明这是波提切利的个人绘画风格。

创造这样一个"假设观点——探索求证方法——尝试求证——获得结果"的过程,是培养学生素养(能力)的主要方法。可以想象,真正实现这个思维过程的学生能够在其中学到的东西,非教师的讲授与引导可比。学生在这样一种"自主探究"的过程中查找资料、思考、交流、讨论,才实现后现代课程观中所提到的"耗散"——每个学生都成了独立思考、与他人交流的个体。

但是,在课堂上,学生却没有机会真正地实现这个思考的过程。很多有思想的教师,认为自己在课堂上对学生的引导已经十分到位,但却仍达不到课程目标的要求,其主要原因,就是只有

"探究"，没有"自主"。

在此，需要强调的是第四学段"欣赏·评述"学习领域的课程目标表述："欣赏不同时代和文化的美术作品，了解重要的美术家及流派。通过描述、分析、比较与讨论等方式，认识美术的不同门类及表现形式……对美术作品和美术现象进行简短评述，表达感受和见解。"这是一种达成性的能力目标，而非一个过程性目标，它要求学生能够"独立地"达成这个的目标，而在教师的引导下"经历""体验"类似的行为，并非真正地达成目标，而应视为课程目标的损耗。

（二）关注学生的学习兴趣

《义务教育美术课程标准（2011年版）》"课程性质"中规定美术课程具有"愉悦性"。这是美术课程的特点与优势，可以说，在任何一个学段、任何一个学习领域，保护学生对美术课程的兴趣，都是美术教师主要任务之一。问卷显示：95%的教师"同意"或"非常同意"用各种教学策略提高学生的学习兴趣（尤其在小学高年级，学生的学习兴趣下降时）。这一点也在后续的访谈中得到证实。

例如四川省泸州市泸州老窖天府中学的张莞老师专门提出，学生在学习类似"三远法"的中国绘画理论时，兴趣度极低，希望其他教师能为自己"出出主意"。

针对同一个话题，四川省泸州市外国语学校的陈敏老师说："我用过一个道具，那是我儿子在幼儿园表演的时候用的'魔棒'，上面还有一对翅膀。我拿它来当教鞭使用，当成一个'噱头'，学生确实非常感兴趣。至少这个魔棒比教鞭更好看。第一节课，学生都很感兴趣，但是到了第二节课的兴趣劲就过了。"对于这种保持学生学习兴趣的方法，她总结道："学生对教师这种视觉上变化的要求还是非常高的。"

对此，上海市宝钢第三中学的吴昌利老师总结："每节课我们都要查阅大量的资料，挖掘课题背后的内容，并且找到自己和学生共同的兴趣点，这节课才能上好。"

可以看出，兴趣问题是美术教师普遍关注的问题。但是，要达成使学生"体验美术课的乐趣""乐于参加各种美术活动"的课程目标，并非易事。尤其是考虑到学生在第三学段时，会普遍出现对美术课兴趣减弱的情况，此时要保持每位同学对美术课程的兴趣，让他们保持较高的学习效率，是很难的。

表 4-3 美术课程理念

题号	题目	M（平均数）	SD（标准差）	完全同意（%）	同意（%）	不确定（%）	不同意（%）
1	当高年级学生在课堂上不愿意学习美术时，我会用各种策略提高他们的兴趣	3.43	0.62	49.4	45.6	4.1	0.9

如表4-3所示，虽然超过95%的教师在问卷调查时都同意使用各种策略提高学生对美术课的兴趣，但是，根据笔者对公开课与常态课的学生所进行的观察，即使是准备精良的公开课，仍然有几位学生对教师讲授的内容不感兴趣。而在常态课中，往往会出现超过一半的学生对教师讲授内容表示出"不耐烦"的现象。在欣赏课时，这个问题更为严重，笔者曾见过在一节实习教师的美术课上，超过95%的学生都趴在桌子上睡觉的尴尬场景。

（三）教师对"图像识读"素养培养的理解

"图像识读"这一核心素养是最新提出的概念。由于教师普遍不理解"素养"的含义，大部分教师仍采用已有的理解，将其等同于"欣赏课"。学习欣赏、鉴赏知识技能与素养培养的方法完全不同，这种理解本身就会带来课程的损耗。

1.将欣赏课等同于"美术语言解读+拓展"

从表4-3可以看出，教师对于"教学生使用正确的欣赏程序来欣赏"的认同度，低于普遍值。在访谈中，笔者发现"欣赏·评述"学习领域与"图像识读"素养目标损耗的主要原因是大部分教师都将鉴赏课等同于"美术语言解读+拓展"。

表 4-4 欣赏方法与程序

题号	题目	M（平均数）	SD（标准差）	完全同意（%）	同意（%）	不确定（%）	不同意（%）
1	在进行欣赏课教学时，我会引导学生掌握"描述→分析→解释→评价作品"的欣赏程序	2.92	0.78	22.1	52.6	20.9	4.4

如表4-4所示，在问及"如何理解美术欣赏课/鉴赏课/图像识读"时，80%以上的教师认为（或同意）将鉴赏课等同于"美术语言解读+拓展"。问题是，在这样的理解中，"拓展"仍是知识层面的拓展，提高学生的知识面，增加学生的记忆负担，却没有"拓展"学生素养。美术课程标准规定，每节课都要有"视觉性""实践性""人文性""愉悦性"四个特征。

四川省泸州市江阳区分水岭镇初级中学的赵静老师在访谈中提到："我还是会主要参照教材上面的内容教学。首先让学生谈一谈自己的感受，教师和学生们说一说画家画这幅画时的感受和想法。"可以看出，要设置一定难度的问题让学生自主探索，教师引导时又只能做"方法"上的引导，不能透露答案，这对很多教师来说还是比较难的。即使他们已经意识到要让学生动起来,也会采用这样的方法:在课堂临近结束的时候进行拓展。比如,在教授《格尔尼卡》这节课时,对学生提问:"如果让你们来画这幅画,你们会选择用什么颜色?画些什么形象?"

另一方面,教师也担心让学生"自由地"探索是否会造成不好的结果。有些学生会很认真地回答问题,但是也有一些顽皮的学生(尤其是男同学),会答出一些让人哭笑不得的答案。可以看出,教师认为这种方式不利于保持课堂纪律,有可能探讨不出任何结果。要让学生自由探索,又要保证其有所收获,就对教师能力提出了更高的要求。

教师普遍认为"欣赏课""鉴赏课"的"实践性"特征较差,这就是因为大部分的教师对"欣赏课""鉴赏课"的理解有误,将其理解为"了解美术欣赏与鉴赏知识、了解更多的美术作品知识"。只有了解了"素养"的特征,才能让学生"使用知识技能解决难题",真正地培养素养。

2.教师对欣赏课的误解

很多教师对欣赏课存在一种误解:欣赏课本身就不像"美术课",缺乏美术课那种动手创作的特征。与作品的文化背景相联系时,又特别容易"跑题",将欣赏课讲成"语文课"。产生这种理解的原因是将欣赏课看成纯粹的"知识"掌握,而非让学生学会自主欣赏,并引导他们在欣赏的过程中将鉴赏知识、方法转化成能力。例如,张莞老师就将"长期写生课"的成功归因于"每节课都必须要交作业",她认为这种较固定的模式,给学生施加了一个不大不小的压力,让学生认为"美术课也是要认真对待的","每节美术课都像主科一样,也是要完成一幅作业才行的"。这从侧面反映出,教师普遍认为"欣赏·评述"学习领域(也许还包括"综合·探索"学习领域课)是没有作业的,只要学生跟着"欣赏"即可(也就是了解欣赏的相关知识,至于"了解"了的知识是否记得住，都无须考察）。既然教师产生了这样的课程理念，那么"欣赏·评述"学习领域课的课程损耗，可想而知。

作业是学生积累成就感的重要途径。许多教师都非常重视学生平时成绩的重要性，让学生强化"平时的努力很重要""积累很重要"的观念。在学期末的时候，不仅让学生看看他们因为平时的"努力""积累"得到了多少分数，也让他们看一看某位学生在一个学期里积累了多少作品，对学生"自豪感、自信心、成就感源于努力"的观念产生更强的说服力。受这种"内在动机"驱使的学生，会有更强的学习自主性。

（四）教师对"文化理解"的认识

《义务教育美术课程标准（2011年版）》中对美术课程人文性的解释为："学生在美术学习中学会欣赏和尊重不同时代和文化的美术作品，关注生活中的美术现象，涵养人文精神。"结合《辞海》中的"人文"的定义："人文指人类社会的各种文化现象"，美术课程人文精神的体现就在于让学生同时关注"过去与当下的美术现象"。过去的美术现象是人类创造的精神文明结晶（包括物质文化、制度文化和心理文化三个层面），当下的美术现象与学生的生活息息相关，能够带来最真实的体验，二者缺一不可。

表4-5 美术课程理念

题号	题目	M（平均数）	SD（标准差）	完全同意（%）	同意（%）	不确定（%）	不同意（%）
2	在组织美术课程的内容时，我会有意考虑将其与学生的生活体验相联系。	3.11	0.76	30.3	54.7	10.6	4.4

问卷分析的结果显示（表4-5）：能够注意到将课程内容与学生生活相联系的教师约为85%。这个数字略低于其他题目的平均数。在访谈中，虽然大部分教师都同意这种理念，但是真正注重将美术课程与不同文化层面结合，或与学生生活相结合的情况较少。几乎每一位教师都曾经在教学中进行过这两种"联系"。但是，只有21.2%的受访教师，明确表示会将"美术与文化、生活的联系"当成美术课不可或缺的一部分。值得注意的是，注意到此点的教师，均为教龄、职称较高的资深教师。

例如，郭筱敏老师就非常注重将美术课程与生活相联系："如果今天讲到了唐代的绘画，在欣赏之后，我就会将学生分组，让他们讨论一下唐代的这些视觉元素在今天如何使用。有的时候也会让学生动手演示（表现）如何把古代的东西使用到现代，比如如何把唐朝的服饰元素加入现在生活中的茶垫、茶杯、鼠标垫中。如果能用绘画等视觉语言表达出来，看起来更直观一些。"

花庆峰老师非常注重将美术课程与文化相联系。针对波提切利的《春》中人物形象较胖的问题，花庆峰老师提出：因为这幅画属于宗教题材，宗教阶层是当时西方的特权阶层，所以吃得较胖是很正常的现象。其实，提出这种"假说"的能力才是需要学生学会的。只要具备一些历史、文化知识，都是有能力提出类似这样"能够自圆其说"的假设的。如果将课堂开放，让学生任意地做出假设，也会出现很多有道理的假设。当然，也会有学生得出类似"吃撑了"这样比较随意的结论。这时如果在课堂中再加一个"想办法证明你的假设"环节，让学生试着结合历史、美术知识，证明他们的说法，他们就不会再做出如此随意的假设了。

再比如张宏旺老师在讲授《西斯廷圣母》时，从其半人半神的形象、袖子上的蓝色（神的专用色），引申到文艺复兴时期的"人文化"思潮。这既是美术史知识，又是对当时社会、历史、文化背景的介绍。

这种做法很好，但是在访谈中，能够主动将美术作品与历史文化相联系的人数比例更低。只有少数一些对历史有较大兴趣的教师会有意地做这种联系。只是，由教师讲出来就仍是知识，并未激发学生进行自主学习的兴趣。如果教师只是提出问题，让学生自主寻找问题的答案，并将其证明出来，则可变成"培养学生的文化理解素养"的做法。

再以设计课为例，大部分教师的设计课与生活、文化的联系偏弱，即使教学中有些环节涉及一些文化，对其的强调也不足。在布置作业的时候，很多教师不敢设计"真实的作业"，因为让学生装饰、设计现实中的事物，需要考虑很多因素，难度偏高，也需要承担设计失败的后果。

其实，作业任务与学生的学习生活相关联时（如设计签名、板报、徽章等），学生能够把自己的设计知识真正用在生活中，就会产生较大的兴趣。为此，教学设计需要做出的改变其实没有想象中那么复杂，大部分教师没有这样做的原因是缺乏这方面的理念。即使每节课的结尾都是一个"与生活相联系"的"惯例"，也未必不是好现象。如果每节课都切实地与生活联系了起来，每天美化一点生活的环境（班名、垃圾桶、课桌、展示栏、黑板报、井盖等），就能真正达到课程标准的要求。每位学生都这样做，生活中的视觉环境就会越来越好，亦能起到改变社会风气的效果。

（五）"审美"能力的缺失

1.审美能力矫正：以"韩流"为例

所谓审美判断是一种主观体验、因其主观性与多元性的动态表达，每个人看法并不一致，但对"美"的本体认知却是必然与客观、共通与共识的认识问题。据笔者观察，学生受"韩流"意识形态影响往往呈现出对"美"的绝对偏好。大部分受访教师都认为审美不是任何一节课特意培养出来的，而是隐藏在每一节课的讲授中。但是，他们大都同意应该有意识地培养学生正确的审美观。其中，明确表示有过相关经历的教师，占受访者的28.6%[①]。比如：韩新灵老师发现有一段时间"韩流"特别的明显，一到冬天，班里无论男孩还是女孩，人人都穿一身黑色的衣服，刘海也都是一个样子的。

发现这个问题以后，韩新灵老师就在课堂上告诉学生："你们知道到底什么是美吗？你们现在这个豆蔻年华就是最美的时候。那种天然的唇红齿白、不加修饰、朝气蓬勃，都是你们最美的地方。而你们所欣赏的'韩流'，都是在聚光灯下的特殊状态，不一定适合现实生活。头型吹成那个样子，风一吹，可能就飘散了。还有'韩流'里面所流行的那种裤子，其实也并不美。"

后来，韩老师还说自己观察到："孩子的审美倾向竟然真的慢慢地发生了改变。至少，班里面学生衣着的色彩开始丰富了起来。如果又有哪位同学穿了黑色的衣服，班里其他同学就会揶揄地说'韩老师都说了，你这属于黑色审美'。"

如果能够顺着这个线索，继续让学生自主地探索"你为什么喜欢'瘦''韩流'，究竟喜欢其中的哪些元素（如线条、色彩、造型、文化）？这些元素是否在其他艺术作品（或非艺术作品）中出现，是否都会让你非常喜欢？你喜欢的那些元素别人也喜欢吗？'以瘦为美''韩流'等当代审美取向，是不是真的美？"探索喜欢（美）的细节与边界，进行一些美学相关的探索，才是培养"审美判断"核心素养。

上述问题，都是不分对象的"关键问题"——即，如果在课程标准的培养体系中，指明某一年级（学段）要让学生探索某一类问题时（如："你喜欢作品中的哪些元素？"或"艺术家的经历

[①] 需要说明的是，由于"审美问题"并非教材中强调的知识技能目标，教师仅凭回忆讨论自己的教学经历。所以，不能断定未谈及相关教学经历的教师即是不注重学生审美问题的培养。

如何影响其艺术表现？"），这些问题可以与任何审美对象结合，从教材中的艺术作品、生活中的艺术现象到学生非常感兴趣的明星群体、流行文化，都可作为思考对象。

2.美观性与实用性之辩：以"线条"引申的审美

张莞老师认为，在讲授敦煌莫高窟一类课程的时候，就需要有意识地和学生讲中国在魏晋时期的时候就是以瘦为美，而到了唐代的时候又成为以胖为美。而西方人在绘画中也体现出在很长一段时间里，他们也是以胖为美的。所以每一个时代的审美观念都是不一样的，作为一名中学生，除了爱美之外，还应该有健康的身体。

有些教师对审美问题的讲解，也有值得商榷之处。比如：李锲老师在对"流线"问题进行探讨时提到："我教的学生里也有人问我人体的线条与美的问题。我就会和他们谈一谈，以前我们大学画人体模特的时候，不会找特别棱角分明的那种人，而是要找身材圆润的模特。我还会进一步引导他们思考，'你们在买车的时候，是喜欢四四方方的，还是喜欢流线型的？'他们就会说喜欢流线型的。"

首先，这种讲解把问题混淆了——无论画中形象肚子多大多小，其都是由流线画成，不同的是其腰部线条的"角度"而已。当然，肚子越大（越胖），线条就会越"圆润"。但是，生活中不是所有的流线都是来源于"丰满"的身体线条。比如，可口可乐瓶子的线条就是流线，但其流线的角度取自于苗条的女性。

其次，李老师直接将自己对这个问题的看法说出来，已经公布了"答案"——胖一些才美，像老师这样学美术的人，都是喜欢丰满线条的——这样做，无形中已经替学生做出了审美判断，终止了他们的思考。

当然，李老师这种"提问"的方式，是非常值得提倡的。将"人物形象胖瘦的审美"问题转化为"挑汽车外形"的问题，消除了学生对审美判断的距离感。如果教师能够提示工业产品上的线条与人体线条之间的映射关系，并让学生试着量出胖、瘦人体线条的角度，让他们从工业产品中挑出与人体的线条相似的产品，说一说这种线条是"瘦"还是"胖"，或试着在工业产品中画上自己理想中的线条，就能够引导学生去探索"胖"与"瘦"的审美问题，从而培养学生的审美判断能力。

美与实用功能的矛盾，是另外一个可以讨论的美学问题。以书包为例，细腰造型的书包（挎包）也许看起来更美，但是却装不了多少东西。又比如，可以向学生提问，我们都希望见到"瘦"的身材，但如果爸爸妈妈都拥有那么"瘦"的身材，连一袋米、一袋面都扛不动，无论你在做什么事（如聚会、吃饭），都要把你叫回去三人一起抬东西，你会不会希望三人都能"健壮"一些？考虑了这个问题之后，再请学生画一次可乐、汽车等物品，结果可能就大不相同。

3.社会性眼光与道德教化：作为判断的审美

对于以上审美的讲授，陈敏老师认为"缺乏说服力"，所以她试图将审美当成一种"美的判断力"，融入学生的日常生活之中。陈老师说："在学生故意搞怪，说起性的问题时，我干脆让学生把这个问题摆在桌面上来说，和学生玩一个'尴尬游戏'——假如，有一位女生在跳广播操的时候，她的卫生巾掉下来，你觉得这时候怎么做是最合适最得体的？"

这个问题对男生尤其困难。问题虽然很尴尬，但是只要有一个同学尝试回答，尴尬就解除了。有的同学就会说："帮她捡起来扔了。"也有的同学说："捡起来还给她。"或者说："捡起来放在自己的口袋里。"各种说法都有。当男生说完之后，她还会再让女生们来说一说，她们希望见到的解决方式是什么？尤其是说一说，刚才男生的那些解决方案中，哪一种是女生们能接受的。最后，陈老师认为："这样的问题，虽然难堪，但是摆出来说一说，能更好地让学生理解什么是'行为美'。"

（六）教师对学生"美术表达"能力的思考

在访谈中，受访教师都比较关注学生对美术技法与工具媒材的掌握。所有的"造型·表现"学习领域课，要么是培养学生表达的基础、表达的方式，要么是为学生创设一种机会去进行创作。其实，美术创作中有两个元素，一个是"美"，一个是"表达"，此两者都是将心中的艺术思想表达出来。艺术思想也可以分成两种：1.这个思想与美术息息相关（如在自己的创作中加入后印象主义的风格，使自己的创作更具有艺术风格）；2.用美术或视觉的方式，将一种关于生活、文化、社会等方面的思考表达出来（如借用蒙克表现主义的技法、风格，帮助表达自己学习、生活中焦虑的心情）。这种艺术思想，应在创作中予以表现，这也就是"创作意图"。

对此，张宏旺老师在讲授国画课时，就很注重学生对范画中的表达方法的学习："在教国画山水时，我非常注重让学生去发现画中形象在生活中的原型。让他们先看看生活中的树，再看看国画作品中是怎样来表达这种树的。塑造形象的'技法'是古人总结出来的，与生活中树的原型也有一定的差别，但毫无疑问，所有的形象都源于生活。以松树树皮上的'鱼鳞纹'为例，它就是松树上天然的纹理。我们在绘画时，只不过是更多地注意了疏密、布局、线条的美感，但仍离不开'源于生活、高于生活'这条艺术方法的规律，无论理论上还是技法上。"

表 4-6 造型与表现教学策略

题号	题目	M（平均数）	SD（标准差）	完全同意（%）	同意（%）	不确定（%）	不同意（%）
2	我在引导学生进行造型表现领域的创作时，会以社会和生活中发生的事件为主题。	3.03	0.79	29.3	47.6	19.8	3.3

问卷调查的数据显示（表4-6）：注重让学生"用美术创作表达身边的事物"的教师占所有教师的76.9%。用美术语言表现身边的事物，是"美术表达"素养最主要的体现之一。虽然问卷数据显示大部分教师都同意这种做法，但是也有一些教师认为，学生的"表达能力"仍然不足。比如，陈敏老师认为学生在参加命题绘画的美术大赛时，大部分学生的场景表达能力仍然不足。某些喜欢画漫画的学生，由于经常涉及对场景的描绘，拥有较强的场景表达能力，但这种表达能力并非由美术课培养，而是学生课下通过自学获得的。

虽然"造型·表现"学习领域是美术课程的传统领域，教师对此学习领域的理解较深，在"媒材体验""教学方法多样性""正确示范"几个方面都有正确的认识，但在"提出有难度的命题""提高学生表达能力"方面，还有较大的提升空间。

根据上文所提的美术创作中的两个元素，要想提高学生对美术作品的理解，应该把三件事情分开来学习：1.专门让学生思考历史上的美术作品是如何达到"美"的，学习艺术大师如何在生活中发现美、在艺术作品中表现美；2.学会读出所有美术作品的创作意图，学会大师那些在创作意图上的经验，如：学会表现情绪和微妙的感受等，以及各艺术大师获得这些创作意图的"源头"，这是大师们能取得艺术成功的重要原因；3.与历史上的艺术大师们学习他们表达创作意图的各种方法，如怎样表现欢乐、丰收的喜庆等，再自己独立探索独特的表达方法。

（七）硬件设施不足与课程停开

访谈的主动性体现出了很多教师最关注的问题，也是他们认为"影响日常教学"的最常见的问题。在这些教师的关注点中，究竟哪些造成了课程的损耗，有怎样的补救措施，是接下来要探讨的重点问题。访谈的数据显示，东部地区学校的硬件设施较好，一般不会出现工具、媒材、画室不足的问题。但是，占受访人数70%的中、西部地区学校教师反映缺乏各种硬件设施的情况仍然比较严重。尤其严重的是，很多教师因为工具、媒材的缺乏，而不得不停开某些美术课程。

其中，因为缺乏画室而出现过停开"绘画""设计""手工"类课程情况的教师，占受访教师总人数的78.8%。课程停开后，根本不可能达成课程目标，所以这种情况是实际教学中导致课程损耗最严重的原因之一。

例如，花庆锋老师表示："在我们学校，进行任何这种额外的材料、资料购买前，都要给家长发一份清单，只有家长们都签了"同意"，才能进行；有家长写"不同意"的话，这些材料就买不成。"李锲老师表示："学生就算想买，都没有地方去买。在我们镇上，这样的画材店太缺了。"郭晓敏老师表示："城乡接合部的学校，教学的压力比城市里的学校更大一些，尤其是在上课所需要的材料方面有很多困难。城市里的学校老师要求学生们拿各种美术材料到学校，学生都能够按要求如数拿来。而在我们这里，这就成了一个很大的问题。学校是不给配备材料的，教育系统也不管这些，要求学生自行购买又是教育局不允许的。要知道，中国的大部分学校还是在比较落后的地区，城市学校数量毕竟只是少数。所以，我认为这一次的新课标，应该着重关注这个问题，使师生在上课的时候好操作一些。"

因为没有多媒体而停开（或少开）欣赏课，其实是由教师自己的偏见导致的。还有教师因为没有课本，而影响了欣赏课的质量（这种情况比较罕见）。在"造型·表现"学习领域、"设计·应用"学习领域、"综合·探索"学习领域课中，教师以"缺少工具媒材、绘画空间"为由而停开课程的情况亦十分常见。在硬件条件不齐的情况下，如何利用现有条件开设预定课程，是研究应该关注的方向之一。湘西腊尔山最贫困学校的龙俊甲老师，在工具材料不足的情况下，将美术课上得十分精彩：

2002年，龙俊甲调进腊尔山希望小学任专职美术教师。乍一走上美术课堂，龙俊甲惊呆了，他发现自己没法上美术课了：美术课本内容很精彩，一册书里光是工具材料起码有数十种；教材中提到的吹塑纸、泡沫板、国画颜料、水彩画颜料等工具材料，孩子们见所未见，更购买不起；许多贫困家庭的学生，除了国家统编课程配套的练习册以及自己准备的一支铅笔之外，什么都没有，上课的时候，只得眼睁睁地看着别的同学完成作业，干巴巴地坐等下课……为了让每个孩子都能上美术课、享受美育的快乐，龙俊甲尝试将泥塑内容引进课堂，带领学生走到田间地头，玩起了泥巴……后来，他又尝试将民间美术引进课堂，把苗族背裙、苗族绣片、苗族花带等带到课堂中进行授课，还邀请民间艺人来讲故事、传技艺。

（八）核心素养与学习领域

2015年推出了对课程标准的修订，其中最大的变化为提出"图像识读、美术表现、审美态度、创新能力、文化理解"是义务教育与高中阶段美术学科共同的"核心素养"。

那么，五种核心素养与之前课程标准对美术课程划分的四个学习领域之间是怎样的对应关系？在"造型·表现"学习领域的

"设计""综合课"（创作）中（或者提炼为在"创作"中，因为"造型·表现"学习领域课仍然可以有欣赏环节），文化理解和创意实践都在"创作思想""创作意图"中得以体现。最后，用合适的艺术语言将其"表达"出来，在表达的过程中，要时刻进行审美判断，使其表达富于美感。

在"欣赏"课中，通过图像识读，使学生了解历史上所有艺术作品、艺术家"如何进行创意""如何进行审美判断""如何思考文化"，以及"如何进行表达"。这五种核心素养，其实代表了美术作品（包括创作与鉴赏作品）最重要的几个方面。首先，美术作品主要分创作作品与鉴赏作品两种，无论哪种作品，其中都必须包括"文化""美"与"创造力"。缺少了任何一种核心元素，都会使一件艺术作品变得"不伦不类"。如缺少（忽视）创意的艺术作品，其艺术价值会大大减弱；过于"循规蹈矩"的艺术作品，即使艺术技巧十分高超，也会被认为"只会卖弄技巧"，甚至是过于"匠气"。

在真实生活中，缺少或缺失某一元素的作品也许还会因为某些现实原因而存在。比如，大众审美水平较低时，就偏向于追逐那些只有"技巧"而缺乏"深刻思想"与"创意成分"的艺术作品。但是，在普通美术教育领域中，必须让学生了解所有评判艺术作品优劣的核心价值。这是艺术存在的真正核心价值，在了解这些核心价值、体验艺术创作和欣赏的过程中，也能培养社会公民特别需要的某些品质和素养——如观察力、动手能力、做计划的习惯等。

所以，五种核心素养，是美术的核心价值，也是普通美术教育的核心价值。美术学科的课程目标，就是创设"能够让学生思考、体验美术核心价值的课程"。正是这个原因，才导致我们普遍认为不实现核心素养的课，即使扎实，也有较大缺陷。而有些课却"得意忘形"——虽然没教什么知识技能，却培养了学生的素养,仍是不可多得的好课。以前,我们评价一节课的优劣,就已经在潜意识里使用这一标准了,只是在2015年高中课程标准修订时,美术课程标准专家组才将五种核心素养正式地提出来,这属于"追认"的概念。

对美术核心素养的"追认"与总结,仍在起步阶段。对几种核心素养的确定与研究都还很少。核心素养是否就是目前这几种?有无不合理之处?每种核心素养要怎样培养?通过哪些方面培养?对于以上问题都还没有研究,这些都还需要所有美术教育工作者的长期努力。

三、损耗的另一种形式——"耗散"的缺失
(一)发散的大门——"自由"与"正确"的争论

埃略特·W.艾斯纳在《艺术教育的内容草案》一文中指出:"艺术使孩子们明白:问题不会只有一个解决方法,题目不会只有一个答案。"[①]访谈中,受访教师曾有过多次关于"让学生自由发言"还是"让学生了解正确答案"的争论,展现了教师对此问题的权衡过程,以下是其中的一段:

李锲老师:我在上课的时候,往往愿意讲一些书上没有的内容。对学生来说,脱离了书上的内容,他们反而能够自由自在地发挥自己的观点,思考也更深入一些。

张莞老师:我觉得讲《格尔尼卡》还是要先联系作品的背景,否则学生对作品的理解很可能有较大的偏差。

李锲老师:对,我会先讲清楚大的创作背景、社会环境,然后才让学生自由发挥。

这是教师对"自由还是正确"问题的思辨,让学生自由地说

---

① 埃略特·W.艾斯纳,何旭鑫,唐斌,尹少淳.艺术教育的内容草案[J].中国美术教育,2000,(05):42-46,22.

出自己对作品的观点，学生更放得开，更愿意参与到欣赏过程中来。但是，也可能面临"跑题"或"得到错误结论"的问题。对于后者，笔者认为，艺术欣赏是感性与理性同时起作用的，在欣赏的感性部分，每个人也有较大的差别，这是合理的。

大部分教师都同意"美术是无所谓正确答案"的。但是，要证明自己的"答案"比书上的更正确，则需要查找资料、思考、求证的过程。在这个过程中所需要的能力，有些教师不具备，所以他们也不会引导学生去"质疑教科书"的行为。

很多教师仍会担心学生讨论出的结果与书中的"答案"不符，觉得学生是得出了"错误"的答案。美术课本上的答案没有注明来源，大部分来自学术著作，其实也只是"一家之说"。如果教师、学生没有这种观念，学生面对艺术作品、艺术现象时进行个性化思维发散的大门就始终是关闭的。

当然，学生自由发挥时，也可能过分跑题、所得答案与事实不符，或有明显的逻辑错误，这时仍需要教师始终在一旁引导。只要像争论中李老师说的那样"先讲清楚大的创作背景、社会环境"等信息，即使学生在自由发挥时出现了一些问题，他们也有能力在教师的引导下，及时发现问题并进行纠正。

(二) 教师对"耗散型课堂"的抵触

前文已探讨过，后现代课程观的"耗散"即是"对课程内容的发散与交换"。但是在一定程度上放弃课堂的主导权，对大部分教师来说都存在心理障碍。

比如，在访谈中，花庆锋老师提出自己让学生探索《格尔尼卡》中的灯有何意义时，学生根本就无法探索出结果。对此问题，陈敏老师设置的问题是："为什么《格尔尼卡》中的马眼睛瞪圆，耳朵也是竖起来的？"可以看出，为了避免学生在探索时无法下手，陈老师给学生提供了一个探索的方法——学一学马的样子，猜一猜马的感受。只要给学生提供了"感觉"这个桥梁（发散的途径），学生就能够比较轻松地探索出作品中的形象与作者创作意图之间的关系了。因为所有的艺术作品，都是用形象引起人的感觉、联想，从而表达作者的创作意图的。

（三）提供发散的途径

同样是教授《格尔尼卡》一课，对于"灯的意义"这个问题，应该先让学生观察画中灯的形象，思考灯的形象，比如"光明、文明、眼睛、关注"等。而这些感觉与发散式联想，与作品表达的主题和创作背景联系起来，就很容易猜出作者画这个灯的意图是象征"光明仍会到来""光明很弱小""这样的暴行引起了世界的关注""上帝之眼在看着人类的暴行"。

如果教师能够在自己心中先模拟一次这种"二级发散联想"，就能够帮助学生依照相似的程序来建构自己对这幅画的认识了。虽然每位学生对灯的联想与思考不同，对灯所表达的创作意图的解读也不同，但是，先进行"对灯的联想"，再"将这些联想与作品的创作意图联系起来"的欣赏模式是不变的。

这种引导，不是"诱导"型的引导，并非直接、间接地把答案告诉学生，而是给学生一种欣赏美术作品的"普遍方法"，对帮助学生自主地欣赏美术作品有很重要的作用。

除了问题设置的难度过高、教师给的引导不合适之外，是否注意培养学生敢于尝试的精神也是决定自主探索是否能够成功的重要因素。仍有很多美术教师喜欢用"对错"来评价学生的思考，或喜欢用"高压"的方式来管理班级，这都是引起学生不敢回答问题的原因。

陈敏老师说："连续剧里也经常会有这种'仰头痛哭'的形象，我就会着重引导学生去感受这种状态和声音，去体会电视剧里痛失最爱之人的那种感受。"花庆锋老师说："所以，在我的课上，必须要引导学生到这种程度，学生才能跟得上。"

从以上的对话可以看出，花庆锋老师认为"仰头痛哭是因为人痛苦到了一定的程度,是对极端痛苦的发泄"就是问题的答案,如果学生自己想不出答案,教师就必须"引导"出这样的答案。这其实就是教师直接说出了答案。他忽略了让学生自己去感受作品、感受形象的过程,这既是学生欣赏作品时的一项重要收获,又是一种欣赏作品的"方法"——感受作品中形象给人的感觉,说一说作者想表达什么。

这是理解艺术家的"创作意图""表达"问题的一种重要手段。在欣赏时,既可以先了解艺术家的"创作意图",让学生探索艺术家如何表达创作意图;也可以反过来,让学生感受作品,猜一猜作者如此表达的意图为何。但无论用怎样的顺序了解艺术作品,都要用"感觉"作为桥梁。

(四)教师对"建构"问题的思考

对课程内容的"发散",保证了学生收获源的最大化。但是,学生收获的大小,还依赖学生自身知识建构的情况。不符合自己知识结构与学习习惯的知识,学生是无法接收的。

目前,已经有许多教师开始思考学生是如何"建构"知识的。有很多优秀的教师始终要求自己不断进步,学习各种美术知识和技法,寻求对艺术问题的更深理解,都是为了根据自己建构知识、学习技法的过程,更合理地进行教学设计。很多反对学生死记硬背的教师,都是这么做的。

但是,这种做法仍有问题:每个人建构知识的方法有所不同,每个人的"多元智能地图"也各有不同。如果遇到难度很高的问题,教师建构知识的方法在学生身上是否适用?哪些方面可能不适用?教师未必能及时掌握这些情况。虽然在所教问题难度很低时,上述问题不会暴露,但是低难度也会降低学生的学习兴趣。

很多优秀教师的课堂,都仍然会出现这样的问题。比如,云南勐宋的李冬梅老师根据本地民间手工艺而设计的《编蝉》一课,十分成功地为学生介绍了哈尼族濒临失传的手工艺——竹编。李老师多次示范，并辅以耐心的讲解，使大部分学生都掌握了竹蝉的编法。但是，班里仍有5—6位同学，在教师的多次辅导和同桌的辅导之后，仍然没有掌握竹篾片的穿插步骤。假设这几位同学不是"视觉思维"型学生，语言能力也较弱，无法通过"听觉""视觉"的教学手段完成学习，那么美术教师就应该设计出更多的教学方法以适应这些学生。

第二节 教学案例解析与课程损耗情况的考察

一、案例分析的内容设计

问卷与访谈，都是针对教师对自己教学的整体判断，且根据教师的回忆进行的调研。很多时候，教师对"素养""自主性"等概念的误解，会使问卷调查数据不可靠。而在访谈中教师针对某些问题的回答，也可能与其实际教学的情况不符。所以通过大样本、大跨度的问卷调研、比较深入细致的访谈调研之后，还应该有对教师真实教学情况的调研。美术课程宏观、中观、微观的考察形成完整的模型，从而较为真实地反映美术课程在教学过程中的损耗情况。

为使本文对案例的探讨更有意义，此次案例分析的案例来源首先保证其公开性，因此尽量使用已经出版或在网络上公开的文字型教学案例资源。

案例的主要来源为中国美术教育网自2010年起公布的"中小学美术课现场观摩培训活动"参赛选手的教学设计或教学案例文本、西南大学出版社（原西南师范大学出版社）出版的名师工程系列美术卷教学案例集中的60多个优秀教学案例、从接受问卷调研和访谈调研的对象处搜集而来的电子版教学设计。其中，小学案例占案例总数的60%，初中案例占案例总数的32%，高中案例占案例总数的8%。本节通过对这些案例进行整理和分析，结合问卷调研、访谈调研中的分析结果，尽量使美术课程目标在宏观、中观、微观的教学实现过程中的"损耗"情况能够更清晰地呈现。需要注意的是，由于教学设计相对难以体现教学的真实情况，所以此次案例分析主要以前两种来源为主。此外，普通教师的教学设计和教学案例中，能够比较成功地完成知识、技能目标和素养目标的比例偏低，其中很大一部分案例与设计产生课程损耗的原因相对简单。因此，本文除统计、分析出普通案例与教学设计课程损耗的情况与原因外，为体现研究的典型性、创新性，有意加强了对优秀教学案例的品评。

二、案例中知识技能目标的损耗情况

知识技能课程目标的损耗，与教学研究中对教学问题的探讨有相似之处。本节主要探讨的并非教师在教学中出了哪些问题，而是这些问题会造成怎样的课程损耗。

（一）目标过多造成的损耗

首先，在微观层面的考察，可以在教师单课时的情况下对目标完成、素养培养的成效进行评估。其意义亦有二：一是考察优秀教师的课堂时，可以探索不易损耗的方法，二是证明优秀教师的课堂亦有损耗。其次，可以考察其损耗的主要方式。再次，还可以考察微观教学与教师的中长期教学（问卷、访谈）结果的一致性。

首先，知识技能目标是一节课的基础。在"双基"教学时期，教师即接受了将达成知识技能目标作为衡量一位教师优秀与否的标准。那么，对达成知识技能目标如此自信的教师，究竟在这方面有没有损耗？本文将在以下的案例分析中对此结果进行逐步的探讨。西南大学附属小学的于宏老师在《看画展》一课中，选择的三种知识技能目标就显得"过分简单"。但目标设置简单的原因是此比赛的形式为公开课，教师与上课的学生是第一次见面，不了解学生有怎样的美术基础，设置过于困难的目标很有可能得不到回应。从教学目标达成的情况来看，本节课的三个知识技能目标只能说达到了50%，色彩比较好，构图达到一半，造型几乎全都损耗掉了。

具体分析色彩环节，教师用技巧摒除了造型、构图、线条等所有绘画元素的影响，在这些元素不变的情况下，只改变画面的色彩。这种方法有利于学生感受色彩对美术作品和自身感觉的作用。在"比较教学法"的辅助下，学生对此环节的掌握最为深刻。从学生课堂练习的效果也能看出，100%的学生在进行自我欣赏时，都从"色彩"的角度对作品进行了欣赏。

教师在本课提出的"主题"一词，其实是不同主题和题材的绘画作品所要表达的"意图"。以《核去核从》一画为例，教师需要用色彩的变化让学生感受到作者的意图——"表达核泄漏之后，死亡、混乱的感觉"。用色彩表达的是意图，而不是一个主题。教师在教学过程中特意解释了主题的定义："主题是创作者在作品中表达的思想与情感。"很明显，这个定义并不合理，反而是用来"表达思想与情感"，更贴近创作者的"创作意图"。

由于教师对词义界定的模糊，学生很难掌握"主题""意图"这一艺术中的重要概念。学生知道教师想让他们说一说"色彩""造型""构图"是如何表达"思想与情感"的，虽然他们会觉得思想与情感和"主题"一词是矛盾的，但是仍然会尽量忽视这个瑕疵。没有学生了解创作意图的含义，即每位创作者都会用各种美术手法表达自己的思想和情感。

在造型方面，教师对"造型"一词的定义，用"创造的形象"一义解释更为合适。教师先与学生探讨"全家福"和"我和爸爸去海滩"的感觉有何不同：一个是"安静、祥和、欢乐"，一个是"兴奋、快乐、玩耍"。两种不同的感觉要靠创造的形象表达出来。要表达"全家福"，学生会创造什么样的形象？教师应该找出多位画家所画的"全家福"与"海滩"，让学生们自己感受不同的画家创造了怎样的形象，来表达这一感觉上细微的差别，如用圆形、金字塔形表达祥和，用夸张的动作表达兴奋等。

教师用来说明"造型变化，感觉也会发生变化"的两幅作品，在色彩、构图，甚至工具媒材上都发生了变化，不利于学生理解。

教师将线条与造型混淆，不同的线条，甚至是点都可以组成同样的造型，给人的感觉却是不一样的。这种感觉上的差别，不是造型带来的，而是线条带来的。由于教师的概念混乱，学生对此环节的理解造成了偏差。在自主欣赏环节，使用"造型"角度自主欣赏作品的学生只有50%，学生对作品的描述本是："它的线条比较粗犷，情绪比较消极。它的脸上有很多算式、班级、姓名……"教师又提示："你所说的表情及算式等，都属于哪一种美术语言？"学生思考后才回答："造型。"

在构图环节，教师抛弃了"换一换语言（色彩、造型、构图），画面感觉会有怎样的变化"这一本节课帮助学生理解"色彩""造型""构图"三种美术语言最有亮点的教学方法。由于失去了这种方法，在构图环节，学生只是了解了几种构图传递给人的感觉，而没有深究"要表达某一意图（某种感觉），应该怎样构图"这一问题。因为"用构图来表达意图"的问题很复杂，一节课甚至多节课都很难讲得清楚，所以教师有一种"敷衍"的感觉，并未讲解透彻。事实证明，在课堂练习环节，几乎所有同学在使用构图角度欣赏作品时，都出现了问题，或认识错误、或尽量跳过构图问题。例如"该生接着从构图上进行分析：它是大主体构图，想表现自己对作业的一种消极、抵触的情绪"。可以看出，这种构图方式与作者想表达的情绪并无直接关系。

在文化方面，于老师因势利导，让学生思考《闽越遗风》一画中为何有那么多蛇的问题。由于时间、条件有限，只是让学生得出这样的结论："这个可能是当地的习俗。人们对蛇非常尊敬，他们在过节的时候会把蛇请出来。"这种"探索"不仅没有锻炼学生的能力，让学生敷衍了事，反而会让学生形成一种误解："这只是一幅画中的小问题而已，没必要深究。随便找个答案，说得通就行了。"事实上，很可能会有对这个问题仍有兴趣的同学，能够查出更进一步的资料，甚至对这种文化现象产生浓厚的兴趣。

综上所述，如果本课只选择"色彩"作为欣赏的角度，虽然目标数量少，但是有助于教师更深入地挖掘色彩与感受之间的关系，减少教学目标的损耗。

（二）概念混乱造成的损耗

在山东省威海环翠国际中学乔永明老师的《变体美术字创意设计》一课中，乔老师设计了以下知识技能目标：1.生活中的美术字；2.字体基本变化规律；3.变体美术字的常见变化方法（象形、装饰、立体）。教学完成后，教学目标中的"基本变化规律"，即"字形""笔画""结构"三种变化均没有使学生得到很好的掌握，因为这些都是由教师直接讲授的。从教学目标达成的比例来看，本节课只达成了预设目标数的16%左右。当然，也要注意到，本课所达成的目标，均为本课的重点难点目标。

"象形变化"最佳的原因，是在这种字体创意设计中会用到"联想"的能力，其概括了大部分创意美术字变形的主要方法。但是，三种变化之间混淆之处颇多。首先，三种方法都属于"装饰变化"，只是各用不同的方法来装饰而已。只有直接用"字义""词义"的视觉形象为装饰，设计一个美术字时，才能称为"象形变化"。

在"象形变化"与"装饰变化"中，有一部分其实属于"指代变化"（或称暗喻变化、符号化），比如用圣诞元素装饰"雪"字，用枝条和丰收的元素装饰"春、夏、秋、冬"，用剪纸元素装饰"福、禄、寿、喜"。这是用对应的文化符号（形象）来装饰对应的字，而不是用与"字义、词义"对应的形象来装饰。

以上两种装饰变化，其装饰物都是通过"联想"的方式得来的。只不过一种是"图形联想",一种是"文化联想"。而真正的"纯装饰变化",是用各种纯形式的美术语言(如点、线、面,肌理,阴影等)作为装饰来设计"美术字"。

这些概念上的混淆,可能会给学生带来一定的困惑。但是,从认知心理的角度来看,对学生的知识和技能掌握起到的负面作用并不大。要设计一个创意美术字,可以通过字义、字形去联想。所有联想到的形象都可以作为这个字的装饰,还可以为这个字加一些阴影。

在装饰变化的问题上,教师如果讲解更多的装饰方法,如用点、线、面等填充字的内部或阴影,学生的学习效果可能会更好。学生能够了解几种字形的变化,在几个知识技能目标中,对"装饰变化、立体变化"的印象比较深刻,对"象形变化"的印象最深刻。对以上知识技能的掌握,在学生练习中也有显现。"象形变化"出现的概率最高,其余两种变化也有较高的出现率。所以,可以认定,在这些目标的达成上,损耗较低。

教师的讲授出了问题(不够理想),学生却基本掌握了教学内容。从这一结果来看,是否可以说,教师犯一些错误是没关系的,学生会有自己的逻辑来容错?讲解错误的逻辑,学生还需要花费大脑资源将其中的有误之处略去,再花精力"建构"对自己有益的知识、技能。以本课为例,如果只让学生得到现有的收获"设计美术字可以联想,也可以立体"这一目标,只需要极短的时间,通过看几个示例即可达成。教师可以留下大量的时间,让学生自己尝试。综上所述,教师对本课知识的认识存在逻辑错误的情况,有可能导致学习效果及时间上的损耗。

三、案例中素养目标的损耗情况

(一)缺乏"发散"环节

在"创意空间"这个环节,本来应该由教师带领学生一起整理"创意的过程",大家一起思考"如何设计创意美术字"这一问题。按照这样的思路,应该是拿出"飞"字,让学生自主地按"联想——确定形象——确定主题——修饰形象,强化主题"的创意设计程序来想出不同的设计方案,而不是"欣赏已经设计好的'飞'字,反推作者的创作意图和表达方法"。因为,教师选择的这一流程,与学生即将进行练习时的流程是相反的。此外,这种看作品推导创作意图和创作方法的练习,之前已经进行过多次,再做一次即成了课堂的损耗。

综上,教师认识到了"让学生体验设计流程,并将其与教师、其他同学进行讨论的意义",所以设计了"创意空间"这一环节。但由于其对"设计流程"理解有错误,结果是又让学生欣赏了一次其他人的创意。在"想创意"环节,虽然学生按照自己的方式进行了思考,但是可以看出学生的想象力比较局限。因为教师在这节课上,并未教给学生"联想"和"发挥想象力"的方法。

看到了"面"字之后,学生想到的面条、面粉都是食材,也只涉及了"面"字最简单的第一层含义,"面"的其他含义(如平面、面部等)则没人想到。所以,对"面"字的其他含义的联想(如面子)仍需要教师对学生进行提示,就更不要提关于"面"字更深远的文化含义了(如软弱、细腻等)。在进行想象时,"差异联想"比"近似联想"更能体现发散思维。能够进行"差异联想"的人,一般被认为具有更高的想象力和创造力。

所以,虽然这已经是一节在教授"创意"上算得上比较成功的"好课",但仍有一定程度的"损耗"。这些损耗无法直接在课程标准中有所体现,反而与教师素质的提高及教师间交流的关系更大。

创意设计能力、想象力、联想能力是非常重要的能力。象形变化是最激发学生想象力的措施,有了这些方法,每个学生都跃跃欲试,尝试将几个常见的字转换成创意美术字。学生尝试将文字的部首转换为可视的形象，在转换过程中，培养了学生"将文字与图形相联系"的思维模式。

在举"寿""雪"之例时，仙鹤、圣诞元素的使用是一种"隐喻"，体现了一定的文化内涵。虽然教师没有明确将其说出，但学生能够感受到其与"用雪人变形的雪字"有微妙的区别。学生练习的"爱"字，也是在用两个小女孩的友情来代替其中的"友"字，这样的指代联想会更加巧妙、有创意、富有人文精神。

近年来美术课程标准改革的趋势，就是更加关注"人文性"，更强调学生学习的自主性。学习知识技能目标时，让学生自主学习，才能够让他们用符合自己知识结构的方式建构合适的知识技能。只有让学生自己动手"解决难题"，才能让他们使用学到的知识技能，将其转化为"素养"。

（二）缺乏发散的"支点"

1.缺乏支点造成的损耗

后现代课程观要求教师为学生提供"发散"的机会，而这个机会往往就是一个发散的起点。例如，在乔永明老师的《变体美术字创意设计》一课中，乔老师的最成功之处，在于本节课讲清了三种变化的方法，尤其是"象形变化"，使学生真正地掌握了美术字"变体的方法"，真正学会了"创意"。在"设计·应用"学习领域课程中，最难的就是讲清"创意"的方法，很多教师只是让学生欣赏多种创意的作品，但如何进行创意，学生和老师仍不清楚。在这节课上，有了"象形变化"等三个创意的方法，学生就能够举一反三，产生无限的创意。有了这个方法，学生的创意就有了支点。

在新疆乌鲁木齐市第十三中学贾玉婷老师的《新疆人物捏塑动画的摆拍》一课上，由于缺乏这样的一个"支点"而使学生在本节课上没有机会锻炼自己的知识技能，未能达成素养目标。

《新疆人物捏塑动画的摆拍》一课所教的"定格动画"这一创

作方法，让学生学会了一种新的表现方法，其特别适合用手机来制作，会对学生产生较大的影响。但与《写生书包》《我给同桌画漫画》两节课相比，后二者能够给学生带来较长久的影响，因其锻炼了学生的一种"素养"——观察力；而《新疆人物捏塑动画的摆拍》稍逊一筹的地方正是由于其对学生施加较长时间影响的是一种"工具媒材"。更重要的是，学生在这节课上并没有真正地掌握"定格动画"的特点与魅力所在，教师过多地束缚了学生的手脚。

此外，虽然定格动画特别适合使用手机制作，但贾老师在课上却并未有意地强调这一点。学生也并不是使用随身携带的手机来完成课堂创作的。

最后，由于定格动画本身拍摄的要求较高，贾老师在对其进行"瘦身"（课程化）的过程中，将最有难度的"编写剧本""制作背景""强调表达"等环节都省去了。而恰恰是这几个环节，可以为学生"提出难题"，能够让学生"发挥自己的能力"去解决问题，以达成锻炼能力、培养素养的目的。

就《新疆人物捏塑动画的摆拍》一课的学生作品来说，教师对定格动画课程化的方向有误，致使学生创作出"有形无神"的作品，并没有真正掌握用定格动画表达内心想法和观念的方法。所以，教师这样设计虽然提高了学生作品的美感，却降低了作品的视觉冲击力。

2.探寻"支点"的过程

反观其他定格动画课程，都使用更长的制作时间让学生自己制作剧本、动画形象，需要使用更简单的制作方法如"纸上涂鸦"。这样做，虽然在技法上看起来很"小儿科"，却使学生在作品中表达出了深刻的思想，真正让学生掌握了一种能够辅助其表达的艺术方法。同时，也让学生在创作过程中解决了各种各样的困难，起到了锻炼素养的作用。

所以，《新疆人物捏塑动画的摆拍》一课在思路上很正确，但在知识技能目标与素养目标达成的方面成效均不高。《地铁》一课，即时间长度大致在3至5天，由于时间的原因，做出了一些简化——没有在技巧上作任何要求，而是在指导学生表达深刻的思想方面，花费了一些工夫。如果只上一节，这位老师的选择可能是把议题的范围也缩小为"表达城市的繁忙"，把技法缩小为"只能用涂鸦"。这样的课，由于更好地发挥了定格动画的优势——"情节性"，所以仍然是一节可以锻炼学生素养的好课。

按这个思路，《新疆人物捏塑动画的摆拍》一课应该在上节课里做好人物，本课只让学生解决两个问题：一是用背景、情节、道具等，拍出阿凡提的智慧和新疆风情，背景可以让学生在网上下载，打印出来；二是设计情节（台词）用以突出阿凡提的智慧。

在只有一节课的情况下，只能限定议题和表现方式，因为要节省学生进行无效发散思维与熟悉技法的时间。但是，如果在时间充裕的情况下，这二者都可以放开，更能培养学生的素养。比如，用来加强表达的方式——台词应如何加入定格动画中？这些措施可以让学生开动脑筋，自己去想：可以用台词板拍进动画中（如卓别林的电影），也可以用配音的方式加入。在时间充裕的情况下，这种"发现问题，解决问题"的过程，才是"综合·探索"学习领域课程的魅力所在。

3.寻找"支点"的方法

让学生进行发散思维，寻找自主探索的支点，有时为一种美术语言，有时是一种方法。这些方法更多的是教师悉心寻找出学生在已有的知识、技能的基础上，能够解决什么样的难题。比如，在山东省济南市行知小学赵君老师的《汉字中的象形文字》一课中，素养目标完成的基础，就是赵老师对学生能力的精准预判——"学生有能力用简单的线条抓住常见事物的形象特征"。所以，任何需要发挥此种能力解决的"难题"，都是对学生这一素养的锻炼。所以,"支点"其实是在学生身上,等着教师去挖掘的。

　　白云云老师的《我给同桌画漫画》一课也是同理,用勺子等物品照出的夸张形象,平时人人都见过,把这种形象画进作品中,人人都做得到,只是很少想到而已。用眼睛记录生活,是一般人没有的观念。所以,大部分教师在素养目标上失败的原因,都是不了解学生的基础知识技能,没有"因材施教"地提供一种学生有能力掌握的方法,并让其在实践中体会、锻炼和提高自我。

　　《写生书包》设置作业的目的,类似魏瑞江老师判断学生有能力画出视觉写实的多肉植物写生,这是一种将生活中的三维形象变为画面上二维形象的能力。在使用这种能力的基础上,让学生体会"用美术的方法使用观察力""瞬间视觉记忆的观察方法",这是教师认为学生最缺乏的能力。选择这个课题的原因不是因为这节课能够评出满分,而是学生的能力基础与需要。

　　学生美术知识、技能、创造力、观察力、感知力、审美能力等能力的现状,无法通过一节课就产生普遍、大幅度的提高。在一节课中,只要在某一种知识、技能、能力上使学生产生比较明显的进步,就是高质量的课程了。但是,如何让学生以较低的美术水平,创作出有一定视觉冲击力的作品,保持学生在美术领域的自信心和兴趣,是中小学美术课堂中永远存在的矛盾,这也可以简述为"低技法——高视觉冲击力"矛盾。要解决这个矛盾,就需要教师从工具媒材、表现方法下手,甚至要更多地借鉴不需要长期精确技能训练的各种创作方法(如当代艺术、远古艺术等),为学生找到有效提高视觉冲击力的方法。

(三)难度降低与素养培养的矛盾

　　很多教师能够寻找到很好的教学课题,却因为一节课的时间有限而降低难度、节省时间,将教学设计中有可能锻炼学生能力的环节全部删除。本章所分析的案例,由于皆以"公开课"形式进行,大部分都出现了这种情况。如果能够用更自由的方式来上美术课，这些教师的才华就能得到更好的发挥。

　　这一节课的技能目标和所选的知识难度偏低，也是向时间妥协的表现。平常在看画展的时候，如果说一张画给人以荒诞的感觉，这可能来源于构图的混乱、色彩的鲜艳或奇怪的形象。这种评论需要较深的美术修养，修养不够的学生不可能做出这样的评论。而在公开课上是第一次接触学生，教师害怕学生连最基础的美术知识都没有，所以只能选最有趣的议题、选最新颖的工具媒材，讲最基础的知识技能。

　　这种"降低难度"的做法无异于"南辕北辙"。降低难度不是把学生创作过程中有可能出现困难的地方全都删去，而是要精准地定位学生知识技能的水平，根据学生水平为其"量身定做"一个目标。

　　魏老师能开出让人"耳目一新"的课，是通过其丰富的经验，猜出学生的缺陷与需要而实现的。其实那节课所教的东西并不算特别新颖，但却给教师一种"日常课"的感觉。教师既需要学习徐军老师那种"一年准备出"的精品课，也要学习魏老师这样"一天准备出"的日常课。

　　在《看画展》一课中，由教师布置的画展说明教师可以带学生去看真正的画展，而这又比真正的画展更容易发挥教师的主动性。主动安排的绘画作品，更易于教师完成预定的知识技能培养目标。比如色彩这一环节，在真正的画展中，可能很难找到相邻的两张正巧以"色彩见长""有强烈色彩对比"的两幅作品。

（四）对"综合·探索"学习领域课程损耗的分析

1. "综合·探索"学习领域课程损耗整体情况

　　"综合·探索"学习领域是2001年课程改革时，美术课程标准提出的美术四个学习领域之一。其目的在于让学生学会"注意自己所学所有知识体系的联系"并用其"探索、解决生活中的实际问题"。在案例分析的过程中，笔者发现，"综合·探索"学习领域美术课程明显少于其他学习领域的课程，仅占案例总课程数的4.9%。而且，案例中出现的此学习领域课程，其课程损耗明显高于其他领域。其中最主要的损耗形式，经常是学习领域和教学目标名不符实，完全无法达成本学段"综合·探索"学习领域的课程目标。

2.案例中课程损耗现状及原因的探讨

以黄山市实验小学程烨老师的《做拼音卡片》一课为例，其主要教学内容是让学生根据课本上的流程，总结出字母卡片的制作流程，并对学生制作过程中的错误进行纠正。通过分析可以看出，本课最重要、最具难度的环节是制作卡片，而非卡片制作流程的探索与试错。因此，本课定位成"设计·应用"学习领域更合适。

第一学段"综合·探索"学习领域的课程目标是：采用造型游戏的方式，或以造型游戏与语言、音乐等学科内容相结合的方式，进行无主题或有主题的想象、创作和展示。可以看出，低学段"综合·探索"学习领域的课程目标着重强调"与其他学科内容相结合"的探索，进行"表演""装饰教室"等较贴近真实的、需要综合学科知识的活动。

而程老师对本课的定位，更利于学生"体验和感受制作活动的乐趣"，有助于达成的是"设计·应用"学习领域的课程目标。

贾玉婷老师的《新疆人物捏塑动画的摆拍》一课，应该完成的"综合·探索"学习领域课程目标是：让学生使用各学科的知识与技能进行专题研究，从而达到了解美术与其他学科的联系的目标；了解美术与人类生存环境、传统文化、多元文化之间的联系。可以看出，主要目标是增强学生对文化、环境的了解，为了达成这一目标，最好是选择反映某一文化特色的宏观主题。因此，贾玉婷老师选择从新疆文化入手，本是紧贴课程目标的选择。但是，本课的重心并不在"探索新疆文化"，而是"捏塑"与"拍摆"。虽然使用了捏塑与定格动画两种造型方式，但仍是"造型·表现"学习领域课。再用一节课以两种技能探索如何拍出一段好的动画，来突出"阿凡提的智慧""新疆文化特色"，这才是综合探索课，才能够培养学生的素养，符合课程标准的精神。

统观此次案例分析中所有"综合·探索"学习领域的课程，其课堂重心均未放在本学习领域的课程目标上，而往往偏向其他学习领域。虽然这些教师在课堂上都比较成功地达成了教学目标，但是其成功大多与"综合·探索"学习领域无关。

3.教师对"综合·探索"学习领域的理解与课程标准的差距

由于课堂时间有限，大部分教师在上"综合·探索"学习领域课程时，会将探索过程中的大部分元素提前准备好，这是对目前教育现状的妥协。真正理想化的"综合·探索"学习领域教学，应该是让学生完全自主选择课题和研究方案，用所有美术学科和其他学科的知识技能，直至完全解决。这是一个用美术的方式记录和展示研究过程、结果的过程。

目前，"综合·探索"学习领域是损耗最多的一个学习领域，其主要原因，就是课程时间及相对固化的课程形式。学生几乎没有时间和机会去自主选择一个研究课题，并将其自主完成。综合探索领域是最能培养学生素养的一个领域，却因为"一周一节""师资不足""材料不足""观念不支持"等原因，导致其无法实现。

可以说，这几位教师都因为自己的课程拥有了少量的"综合·探索"学习领域元素（工具、媒材、学科），而将自己的课程误认为"综合·探索"学习领域课程。事实上，在本文所分析的教学案例中，几乎没有以达成"综合·探索"学习领域课程目标为目的的课程。因此可以得出结论：此学习领域的课程损耗情况最为严重。

四、探索案例评价的标准

探索评价标准的意义，在于了解评价标准虽然繁杂，其根本点来自"是否完成课程目标，体现课程理念"的目标。而没有实现课程标准的课更好地实现了课程理念，则发生了各种损耗。日常教学的评价系统可以分为两个方面，即教学内容与教学方法。而对"教学内容"的评判也分两个层面，即知识技能目标层面与素养目标层面。能够采用各种方法，较好地完成一种价值或教学目标，就是比较成功的一节课了。本节从课堂评价的标准入手，探讨实际的教学案例，探讨哪些环节未实现课程目标，以致造成课程损耗。

（一）面对课程性质的评价标准

新的课程标准更强调"视觉性""实践性""人文性""愉悦性"四种课程性质，要求美术课程能让学生积累视觉感官、提升动手能力、丰富人文精神、增强兴趣度。每一节课都存在的这四个"必要标准"，哪个过低，都会使一节课的效果大打折扣。

所有对教师的评价标准都是理性的思考。但是，教师在设计一节课时，不需要太过于理性地思考每一节课、每一个环节是否都能拿到"满分"。心中有了这些评判标准，意识应主要放在"教什么""怎么教"的问题上，至于每个环节是不是能满足各个评判的标准，交给潜意识去做就可以了。教师所追求的，是学生收获的最大化，而不是得满分。

其次，不是每个课题都能达到"满分"。有些课题较有意义，或在某个方面的意义较大，而在其他方面缺乏意义，就像每个职业的重要性确有不同，但都对社会有益。选择一个课题，更多需要考虑这节课对教学来说"是否必要"，而非教师自己是否对这个课题有兴趣。

具体来说，知识、技能类课程，可能在"愉悦性"的指标上比较低，但仍是非常重要的课程。而用现有知识技能解决问题、培养素养的课程自然会有比较高的愉悦度。所以，为什么尤其要强调魏瑞江老师这节课"很优秀"，愉悦性也很高，这是因为本课没有拘泥于只让学生学会知识与技巧，而主要是使用现有的知识与技巧去发挥。教知识技能的老师很多，教素养的老师很少，这种示范性是这节课最大的价值所在。

（二）建立"素养培养"评价标准

培养学生的各种素养和能力，是2001年美术课程标准已经提出的问题，在2015年高中美术课程标准修订时，又得到了进一步的强调。这是适应后现代课程观的课程方向的改变。比如，在培养学生"图像识读"素养时，要求学生做到的目标是：解释文化与审美培养。学生的解释各有不同，怎样区分其"好坏"？同样是解释这个问题，每位学生解释的深度、广度、合理程度，以及对观点的证实度等程度不同，可以为学生打出不同的分数。但是，这几个项目是否就是为学生打分的标准？应该如何建立这个评价标准？课程标准中的培养目标，是美术课程的原型和目标，目前已经从课程标准中提炼出：在知识技能目标层面上，至少要完成课程标准中预设或符合课程标准目标要求的一个知识、技能目标；在素养目标的层面上，至少要创设难题，为学生提供锻炼一种核心素养乃至多种素养，以及在锻炼过程中交流（耗散）的机会与情境。

比如，在本章所分析的案例中，天津特级教师魏瑞江的《写生书包》《写生多肉植物》两课，就是比较成功的案例。要培养学生素养，需要让他们经历困难。"突破困难"后，就不只是完成了一次作业，而是"获得成就"了。对学生来说，这不仅是对所习得的知识技能的一次重组、灵活使用，还是一次比较真实的生活经历。真实生活中的困难，从来不会迁就学生的能力。而课堂上的事情，学生潜意识里也能意识到，每一件事都是自己"肯定能成功"的，这无形中降低了他们对课堂中目标的期待值，因其缺乏"挑战性"。除了为学生提供"挑战性"和"真实的经历"之外，魏老师与其他教师的不同在于，他尽量抓住每一次机会，给学生提供一次"经久难忘"的经历，以帮助学生树立正确的艺术观、人生观。

从本节已经分析的数十篇教学案例中，可以看出：所有公认的"优秀课"无一不是在锻炼学生某种素养的基础上，成功达成了知识、技能目标的。甚至有少数的几课，根本没有设置明确的知识技能目标，而是将课堂完全交给学生去"探索""体验"与"收获"。

（三）课程损耗需要"从长计议"

从课程损耗的角度来思考，非常容易产生这样一种错觉：是否所有的课堂创意都要放在一节课中——在一节课上同时完成五种核心素养，使用所有能想到的工具媒材，创设所有教师能够想到的教学情境，才算没有损耗？是否要把所有与课堂相关的"创意"都加入自己的课中，才算完全避免了损耗？

其实，是否造成课程损耗的标准，在于是否达成课程目标。只要达到了课程标准中关于"知识技能目标""素养目标""评价要求"的标准，那么就是达到了课标的要求，可以视为没有损耗。每个人达到课程标准要求的方法可以有所区别。

课程标准中提出的课程目标，是以学段为单位的，即通过2至3年的逐渐培养，能够让学生达成学习领域中所规定的课程目标，就是"零损耗"了。在日常教学中，很多教师会在一节课中设定多个教学目标，在教学评价时却发现只完成了其中的一两个。从长期角度来说，这样的损耗并不一定影响课程目标的达成。但是，从"教学效率""投入产出比"的角度来看，却仍造成了时间、教育资源和师生精力的浪费。

以上海市实验学校东校白云云老师的《我给同桌画漫画》一课为例，掌握"变形的方式"，并且"学会漫画、动画的表现方法"是本领域、本学段的课程目标。要达到这一课程目标，需要一系列"变形方式""漫画、动画表现方法"的培养，仅此一节课，我们只能确定白老师较好地教会学生掌握了一种"变形方式""表现方法"，而漫画、动画中的变形方法有很多种。所以，教师是否很好地完成了课程目标，定论难下，需要长时间的跟踪调查才能判定。

结合访谈来看，只有少数教师对某些专题有比较深入的思考，并且形成了一套培养的体系。针对漫画这样一个比较边缘的绘画门类，还没见过哪位教师有较深入的研究。这需要研究人员的进一步努力。

（四）隐性完成素养目标

白云云老师的《我给同桌画漫画》一课，其对应的知识、技能目标是第四学段"造型·表现"学习领域"目标"环节中的"探索不同的创作方法，发展具有个性的表现能力"，以及"学习活动建议环节"中的"选择……变形等方式……开展造型表现活动""学习漫画、动画的表现方法，并进行创作练习"。白云云老师高质量地完成了课程标准中关于动画教学的目标。

只完成"知技"目标的课很多，但一般会批评其未培养素养。为什么说这节课也很好？其原因在于这节课不仅让学生学会了一种确切的技能"鱼眼夸张法"，完成了技能目标，还让学生锻炼了观察力、拓宽了学生美术表现的方法。所以，本节课虽仍是以技能目标为主，但兼顾了素养培养的目标，同时素养目标的培养方式也很生活、新颖，所以是"鱼与熊掌兼得"的好课。

（五）非核心素养的培养——以"观察力"为例

很多案例成功的原因，在于课程在完成知识技能目标的同时，还锻炼了学生的某种素养。虽然有的时候这些素养并不是新课程改革提出的五种核心素养之一，但仍是美术课要重点培养的方向。

比如，《我给同桌画漫画》一课要求学生仔细对着勺子观察，并依据勺子的形象进行绘画,将观察与表达直接联系了起来,观察得越仔细,画得就越好。学生所掌握的"鱼眼夸张法",也是一种令人印象深刻的漫画表现方法。并且,教师为学生找到了这种表现方法在生活中的来源,提高了其与生活的联系。可以确定,学生会对这种表现方法很难忘,也就会较长时间地受益。

摄影师和画家都有用视觉形象记录生活的习惯,但摄影师记录的是客观的,画家更关注其视觉冲击力,以及形象能否给自己的作品提供视觉"营养"。每个画家看待世界的方式都有不同,还会把自己的观念、情绪加入其中。他们敏感地在世界上寻找各种"表达"的方法,有些方法特别适合表达某些事物——如:勺子中映出的形象适合表达"幽默";唱戏、地铁等快速掠过的画面,适合表达"焦虑";雾霾适合表达"压抑";等等。为了"表达"而观察世界,寻找适合表达各种事物的视觉形式和语言,是艺术家的特长。这样上课,教会了学生用"画家"的眼睛观察世界。

《写生书包》一课亦是如此,魏老师所教的观察、表现书包的"视觉写实法",虽然没有直接提出,却能够让学生更好地认识自己的潜力——原来自己也可以通过观察把一个看起来"很难画"的东西画得这么好。这种表现能力拓展所带来的自信心是可以长时间发挥作用的。在澳大利亚课程标准中,特意强调让学生用"绘画日记记录生活"。那么为什么不用摄影来记录生活?我们在生活中,让我们印象特别深刻、特别感动的场景,有时并不仅仅是一个视觉形象,是一种心情、视觉形象和感触的结合体。这时候,文字或视觉形象都无法准确地表达那一瞬间的感动,只有写意式的表达才最合适。

伍 [第五章]

125 应对损耗的方法探索

126 第一节 美术课程损耗主要形式、原因及应对的探索

128 第二节 美术教育管理系统的思考——建立"交流平台"

133 第三节 不同国家课程标准中"培养体系"的对比

第一节 美术课程损耗主要形式、原因及应对的探索

本文的前两章节分别在教材编制和教学实施两个环节探讨课程损耗的问题。这种探讨的方式可以将单个环节中的课程损耗情况探索得更清晰，但也使"课程标准——教材——教学实施"这一原本统一的过程割裂开来。因此，本节从宏观的角度，总结前两章中分析出的课程损耗形式，整理和探索其产生的原因，并尝试寻找应对的方案。

一、知识技能类课程目标损耗情况总结

从目前的统计、分析来看，知识技能目标层面的课程损耗较轻，具体情况为：教材对课程标准的实现是比较好的，损耗情况并不严重。教材中基本照顾到了课程目标中所有的知识技能目标，大部分知识技能点都在其中多次出现。

在教学实施的环节，从长期来看，少数教师有调整课程的意识，但是在调整课程时，缺乏平衡"学习领域比例"的意识。在中、西部地区，很多教师因为绘画工具、媒材、场地的不足而选择停开某些学习领域的课程。以上两种情况，所有停开学习领域课程的课程目标，都是无法实现的。在具体的教学案例中，教师教学过程中出现的一些问题，如"概念混乱""目标设定过多""学生兴趣低下"等，也会给知识技能类课程目标造成较大的损失。

综上所述，虽然知识技能目标是现有课程体系内发展比较完善的部分，但其损耗的情况仍比较严重。

二、素养类课程目标损耗情况总结

总体来说，素养类课程目标的损耗情况远比知识技能类严重，

很多发达地区的教师，都未能理解素养类课程目标与知识技能类课程目标的区别，更没想过其培养方式、教学方法、教学评价等问题。

在教材环节中，课程目标中所提示的素养目标虽然在教材中多次出现，其中还有为某些素养培养的特设环节，但是通过分析可以发现其培养成效可能偏低，主要原因是"缺乏素养培养的体系与方法"。

在教学实施环节，从长期来看，大多数教师存在"对探究的误解""不愿让出课程主导权""对文化理解问题不够重视"等问题。在具体的教学案例中，教师存在"忽视发散环节的设计""没有为学生提供发散支点""教学难度过低，无法锻炼学生素养"等问题。综上所述，由于绝大多数教师对"培养素养"的理解仍然非常模糊，在教学过程中，极少有教师会为学生提供锻炼素养的机会，因此素养类课程目标的损耗是十分严重的。

三、课程实施逻辑的教学损耗情况探查

在实施环节，课程损耗主要体现在以下几个方面：

第一，美术课开课率较低，在美术课"无用"的时间段随意停开。其原因在于教学人员不了解新课程标准中阐述的美术教育的价值。

第二，由于某学习领域的课程需要的材料、场地较特殊，学校缺乏条件，因此停开此领域课程。其原因在于教学人员不了解每个学习领域的价值，或媒材资源开发的方法会造成学习领域分配不均衡。

第三，教学完成后，学生只掌握了知识技能而无法掌握相应的素养、能力。造成这种课程损耗的原因在于教学人员不了解后现代课程观中关于"知识""探索"等层面的多种理念。

第四，美术学科几个重要素养的培养成效较差，未达成课程

目标。造成这种课程损耗的原因在于教学人员不了解美术学科中某种素养（能力）的特点及其培养方法。针对美术课程损耗的现象与原因，借鉴其他国家与地区的经验，本文提出的对策可以概括为以下两点：

第一，结合后现代课程观，通过"培训""教研"等渠道建立教育研究、教育管理与教学人员沟通的平台，提高教育理念的传播效率。

第二，为"素养类"课程目标建立完善的培养体系，包括培养目标、培养方法、评价标准等因素，提高美术教育从业者对素养类目标的认识。

在美术课程标准实施的过程中，造成课程损耗的现象有时是很简单的，其背后原因却十分复杂。如果能够明确将课程标准中的"课程目标"作为教学实施的目的，就能够更好地避免课程损耗、提高教学质量。

第二节 美术教育管理系统的思考——建立"交流平台"

一、美术课程、教学理念传播渠道的探讨

课程标准的实施，重点在于实现其中的课程目标。而欲达成这一目标，需要一系列思想、理念、策略与具体的方法，这是围绕着课程标准而形成的一个"理念集群"。目前的问题在于，熟悉、研究这一"理念集群"的专家群体，与使用、实践这些理念的一线教师之间缺乏足够的沟通。因此，本节首先对现有课程和教学理念的传播渠道进行梳理，以期找到传播不畅的症结所在。

（一）美术课程、教学理念传播的官方渠道

1.官方美术教育管理系统

我国美术教育的管理体系，是以教育部基础教育二司或体育

卫生与艺术教育司，下设省、市（县）二级美术教研员，由市（县）教研员直接管理一线美术教师。在这个管理体系中，教研员对理念传播、政策实施的作用最为关键。但是由于教研员工作多为"一对多"的上下级管理模式，无法很好地辅助课程和教学理念的传播。

比如，本文进行的访谈调研显示，省级教研员与市（县）级教研员的比例约为1:30，而市（县）级教研员与一线教师的比例往往超过1:300。此外，市（县）级教研员有时为音、体、美三科同时兼任，且人员构成比较复杂，往往不是本专业的教师。因此，课程、教学理念的传播，在市（县）级教研员与一线教师适配性这一环节，损耗的比例最大。

此外，官方美术教育管理的体系是"单线管理"，缺乏交流与审核的机制。教研员在此管理体系中的角色，既是"教练员"又是"裁判员"，集规则制定与执行于一身，必定会带来管理效率的下降，引发课程损耗情况的加重。

2.各级中小学教师培训项目

为全面提高中小学教师（尤其偏远地区农村中小学）专业技能与教学素质，教育部于2010年起正式实施中小学教师国家级培训计划，简称"国培计划"。全国几十所师范、综合类大学承办国培计划的课程，为提高受训者在中小学美术教学方面的专业技能与教学实践水平，培养出一支具备专业美术理论、娴熟造型技能与良好教学素养，并能在教学一线发挥引领和示范作用的骨干美术教师队伍起到了重要的作用。与此同时，为响应教育"提高中小学教师"的号召，地方上也相继推出了名称各异的中小学教师培训项目，如"省培计划""名师培育工程"等。

但是，由于各种教师培训项目实施时间并不长，各承办单位对适合中小学美术教师培训的课程体系和培训模式仍在探索中，很多承办单位为增强培训效果，使用"以实践"为主的培训方式，虽然提高了教师的学习兴趣，但对课程、教学理念的传播仍不够理想。此外，培训时间过短也是影响课程、教学理念成功传播的原因之一。针对以往各种中小学教师培训的不足，教育部于2015年着手组织修订"中小学教师国家级培训标准"，对各级培训采取"先诊断，后培训"的方式，增加针对性，提高培训效率。

各级中小学教师培训项目，是目前来看最有效的传播课程和教学理念的途径，是提高课程标准实施效果，降低课程损耗的最重要方式之一。

（二）美术课程、教学理念传播的非官方渠道

一线教师的教学效果，主要通过官方渠道提升，但很多教师自发参与的"教研活动""民办教师培训""公开课活动（比赛）"，也是直观地认识教师课程、教学理念，提高教学水平的方式。例如，本文对教师的访谈结果显示：中小学教师几乎每年都有一次以上的各级教研、培训活动。尤其是全国各级公开课活动（比赛），是受访教师认为"收获最大"的教研活动。

例如，由《中国美术教育》杂志社主办的全国中小学美术课现场观摩培训活动、每年在浙江大学举办的"千课万人"全国小学美术成长课堂研讨观摩会等公开课活动（比赛），都是教师学习交流、获得直观感受、提高教学素质的主要方式。

在这些教研类的活动中，往往采取"实践与理论"相结合的方式，使教师相对容易地接受其中所蕴含的课程、教学理念。但是这些活动缺乏系统性，容易使教师对课程和教学的认识变得"碎片化""功利化"。

二、国外教育管理系统的启示——以美国为例

传递课程、教学理念，弥补一线教师与课程、教学理念研究者的鸿沟，是世界各地美术教育管理系统需要解决的问题。本环节主要分析国外美术教育管理系统，寻找解决这一问题的方法。

（一）以"分权""问责机制"增强体系的联系

对比美国的教育系统，我国美术教育领域常见的"教育贫富差距过大""教师专业、教学质量不高"等问题也同样存在。提高教师质量、优化教师对教育教学的理念，同样是美国教育界公认的最终解决办法。

针对此问题，美国除了提高教师的专业准入门槛之外，针对已入职教师的素质提高问题，采取第一个办法是将大部分权力放在州级教育部门，各州拥有评判、审核、监督、培训、淘汰教师的大部分权力。各州可以根据本地的经济、文化、地域特点，有针对性地建立教育管理体制。例如美国2001年通过的《不让一个孩子掉队法案》，就只为联邦教育部门保留了审核教师学位与教师资格证书的权力，评判教师是否合格的最主要标准，是各州制定的科目核心能力。

在主要权力归州教育部门的同时，美国还建立了问责制度。依照NCLB法案的要求："各州必须建立起科学、可行的学术标准和相应的评价体系，每个学区和公立学校都必须接受州的问责。"[1]美国教育系统利用州级教育部门建立起的"问责机制"与"教师评价标准"，将系统内所有个体紧紧地联系起来，以往的联邦教育部门、州教育部门、学校与美术教师之间的松散的关系不复存在。尤其是州教育部门与地方美术教育系统的联系大大加强。这与我国省、市级教研员对教师管理能力不足的情况形成了比较鲜明的对比。通过州政府负责的问责、监督等行为，美术学科专家与一线教师形成了频繁的接触、沟通与观念交换的模式，课程和教学理念的传播效率大大加强。

当然，我们需要明确，以美国为首的西方国家的教育系统改

---

[1] 傅添. 论NCLB法案以来美国教育行政管理体制的改革趋势[J]. 外国教育研究，2012, (02)：106-112.

革仍有很多严重的问题无法解决，其情况亦与中国有巨大差异。因此，其改革方案只可作为借鉴。

在本文前面的分析中提到过，后现代课程观的"耗散"，是个体通过发散与交换形成的开放系统。这一理念不仅在教学中，在美术教育管理系统中也是如此。建立起使每个个体可以自由思考、交流的平台，并维持平台运行的机制，是国外美术教育管理系统解决这个问题的根本方案。

（二）教师专家化

缩短专家与一线教师的沟通鸿沟，降低课程、教学理念传播过程中损耗的另外一种方法，就是通过各种培训使教师本身成为专家。这种"专业化""专家化"的做法，为美国一线教师获得专业自主权、建立系统的专业理论知识起到了十分重要的作用。

从20世纪中叶开始的各种相关培训，如"选择性教师证书在职进修计划""以学校为中心的在职进修计划"与"教育硕士计划"[1]等一系列相关培训项目，提高了教师专业技术水平、学历和专业化程度。由于拥有了相当的课程、教学方面的思考与专业自主权，美国美术教师更能够发挥自己的特长针对自身对美术教育理念的理解，开发适合自己、适合学生的特色课程。与此相比，本文的访谈数据显示：我国中小学美术教师对课程、教学方面的思考过少，教学过于被动，缺少对课程的主动思考，亦缺少课程自主权。所以，美国这种通过各种培训、活动，力图提高中小学教师专业化水平、职业地位与社会地位的努力的做法，是值得借鉴的。

（三）建立沟通平台

提高教学质量的最主要方式，是提升美术教师的教育理念。

---

[1] 杨明全. 从教学专业化看美国在职教师进修计划[J]. 外国教育研究，2000，(03)：30-35.

很多教学中遇到的困难、问题，都可以通过各种教师之间、教师与学科专家间的交流解决。正如本文所进行的教师访谈数据显示：大部分给一线美术教师造成困扰的现实问题，都可以在各种形式的交流中得到有效的解决。

美国在各种层面的教师进修上，采用的都是依据各种性质不同的学校、部门建立起的"教师与教师""教师与专家"的沟通平台。如在各个大学中，都设置有全日制或在职的教师进修课程；鼓励各级教育行政机构、大学、教师专业团体及民间团体等以各种形式在学校附近设立教师培训中心，方便教师就近进修；鼓励各中小学根据自己的需求，自行举办教师在职进修课程，即"校内进修"项目，这种形式的进修对本校教师有较强的针对性，取得了很好的效果。

尤其是开始于爱达华州立大学的"教师研习会"，利用研习会的方式，受培训者拥有"弹性课程、强调演讲者与受训者的互动、强调受训者行为的改变、施训者与受训者一起解决新问题"等特点。无论以怎样的形式进行进修，关注的都是课程、教学理念从专家群体向教师群体传播的方式与效率。可以说，以各种形式建立起的教师进修与交流的平台，对教师及时获得最新的学科教育理念起到了不可或缺的作用。

第三节 不同国家课程标准中"培养体系"的对比

从本章第一节对课程损耗情况的整体梳理来看，造成美术课程损耗的一个主要原因，是相对缺乏完整、有系统性、针对课程目标的培养体系，尤其是素养目标的培养体系。建立这个体系与过去教学大纲对教学实施中每一个知识、技能目标的过分掌握不同。本节主要通过中国、美国、澳大利亚美术课程标准对比，借鉴国外美术课程的特点，分析我国课程体系建设方面的不足。

一、探索美、澳课程标准中的素养培养体系

（一）加强"课程内容体系"建设

根据本文第二章对课程标准的探察可以发现，课程标准对课程目标、课程内容的阐述十分明确，但对"培养渐进"的要求却不是十分明确。相应地，教材中"培养渐进"的要求也不明确（待查证）。例如：课程标准在第一学段中即提出对于漫画、动漫内容的学习，但是，随着学段的提高，在漫画、动漫领域内所需要学的知识技能目标并未被明确阐述。在实际教学中，教师只能根据自己对漫画的理解自行设定目标。事实上，能够找到三至四种难度递进的漫画技法、表现方法、工具媒材体验的教师少之又少，大部分教师在教到动漫相关的课程时，都是重复"夸张""变形"等几个知识、技能点。

此外，要求每一位教师都拥有这种"宏观课程思维"。因为进行跨度达到数年的课程设置，显得难度过高，很难实现。所以，如果能够在课程标准中建立课程培养体系，更有助于教师理解课程的"体系性"。

（二）课程标准文本的"视觉体系感"

一般来说，课程目标与课程内容包括时间维度和学习领域，因此会以列表的形式呈现，以增强其"视觉体系性"。但是，由于课程标准对课程目标、课程内容的描述文字过多，难以在一个表格中呈现，所以不同国家的课程标准选择了不同的阐述形式，有的忽略培养体系的"时间顺序"，有的忽略"领域间的联系"，等等。

中国与澳大利亚美术课程标准对课程目标、课程内容的阐述逻辑，都是同时重视时间与学习领域两个维度的。阐述的顺序以学段（年级）为主线，将不同学习领域的课程目标、课程内容阐述完毕，再进入下一个学段（年级）的阐述。

美国课程标准的阐述逻辑则与此不同，其主要遵循"时间维

度",忽视学习领域的整体性。例如,与"美术创作"有关的课程目标,共有6个,分别为"美术创作与创造力""美术创作与艺术家""艺术素材、形式和结构等""维护工具设备""美术创作与生活""美术作品"。在阐述时,每一个课程目标之后,都列出义务教育的13年里(包括学前班),如何逐步通过课程内容达成此课程目标,培养的体系一目了然。(表5-1至表5-3)

表5-1 《义务教育美术课程标准(2011年版)》"欣赏·评述"学习领域课程目标

学段	中国义务教育美术课程标准(2011年版)——"欣赏·评述"学习领域
4	对不同时代和文化的美术作品,尝试运用描述、分析、解释、评价等美术欣赏方法进行学习和研究。
4	通过查阅或搜集资料的方式,了解中外著名美术家及流派。
4	通过观摩和讨论,分析设计作品的实用性与审美性。
4	通过观摩录像或邀请当地工艺美术家、民间艺人,了解中国传统工艺的制作方式与特点。
4	欣赏中外优秀的建筑作品,并结合当地的建筑与环境,进行评述,体会建筑、环境与人之间的关系。
4	欣赏书法与篆刻作品,感受其特征。
4	欣赏新媒体艺术作品,了解科技发展与美术创作的关系。
4	对现实生活中发生的美术现象及相关图片报道,进行简单的解读、分析和评述。

表5-2 澳大利亚视觉艺术课程国家标准——"回应"学习领域

年级	澳大利亚视觉艺术课程国家标准——"回应"学习领域
9/10	加强自己作品中观念、媒材、技法与制作流程之间的关联,并在实践中不断地反思这一问题。
9/10	深入思考——评价方面:例如——你喜欢让谁来评判自己的作品是否成功?为什么?
9/10	以个人或小组为单位,记录观者对每件作品的不同反应,并以此为据来选择展览的作品,例如,只选择代表某一派观点的作品。
9/10	深入思考——关于作品的内涵与阐释:例如——艺术是否使用了艺术隐喻来表达自己的观点?你会采用什么样的隐喻来表达自己的观点?
9/10	调查来自不同文化背景的艺术家们,是否在创作方法、技法、对艺术的观点上有较大的不同?他们是用怎样的手法来传递、交流、表现自己观点的?

表5-3 美国国家核心艺术标准——"反应"学习领域

视觉艺术——反应	核心标准:感知和分析艺术作品;持续理解:艺术熏陶、激发个人的审美和移情意识,个人审美和移情意识进而引导人们理解和感激自己、他人、自然环境和人造环境。	学前班: 确认个人生活环境中的艺术。
		幼儿园: 辨认个人生活环境中的艺术的运用。
		一年级: 选择和描述体现个人和他人日常生活体验的艺术作品。
		二年级: 感知和描述自己周围自然环境和人造环境中的审美特征。
		三年级: 推测艺术家运用何种程序创造艺术作品。
		四年级: 比较自己在相似的媒介环境下工作前后对同一件艺术作品的不同反应。
		五年级: 比较自己和别人对同一件艺术作品的理解。
		六年级: 辨认和理解那些体现世界人民生活及其价值观的艺术作品和设计。
		七年级: 解释艺术作品展示的方式、地点和艺术作品的经历如何影响人们对它的感知的评价。

续表

基本问题：人生经验如何影响个体与艺术的关系？艺术学习怎样影响我们感知世界的方式？从我们对艺术的反应中我们能学到什么？	八年级	解释文化和环境如何影响个人的审美选择，以及个人的审美选择如何影响视觉形象的传达。
	高一	对艺术以何种方式影响人们对人生的感知和理解作出假设。
	高二	确认和描述人们对自然环境和人造环境的审美倾向和移情作用。
	高三	分析人们对艺术的反应是如何随着个人艺术知识和人生经历的丰富而发展的。

相比之下，我们可以发现中国课程标准对课程内容的阐述形式是"横向""阐述式"的，澳大利亚课程标准的阐述形式是"横向"、注重"体系"的，美国课程标准的阐述方式是"纵向"、注重"体系"的。

美国课程标准的回应部分所列出的培养体系，分为"核心标准""持续理解""基本问题"几个环节来阐述。核心标准是对本环节课程目标的概括；持续理解是对课程目标的阐述，每个年级（从学前班到高三）都有年级课程目标的具体阐述；基本问题是为达成课程目标而设置的具体内容，为了在十多的视觉艺术学科中，让学生探讨清楚这个问题，从而达成课程目标。从学前班起就对学生的"回应"基础进行培养，从而促使学生在高三有能力探讨这样一个复杂的学科话题。

就像一个体系一样，所有铺垫都为最终的问题提供动力。当然，铺垫本身也是收获，也可能结出果实，但是，这个"终极问题"是艺术最核心、最重要的课题。所以，学生可能在这个问题上收获最大。就"人生经验与艺术关系"这个问题，其培养的内容包括："辨别出艺术""艺术作品中的生活体验""环境中的美""艺术程序""创作经验对艺术回应的影响""不同人对艺术品理解的差异""艺术作品中的多元价值观""艺术作品的经历""文化环境对审美的影响""艺术对人的影响""人对环境的态度""人生经历对一个人看待艺术的方式有何影响"。

可以看出，这些问题是从"大概念"形式开始，由易到难，覆盖了艺术欣赏领域最重要的话题。将这些话题提出，让教师与学生一起去探索、讨论，与设定各种知识、技能让学生"达成"相比，是两种完全不同的教育理念，也是经典教育理念向后现代教育理念转变的表现。

中国课程标准的"学习活动建议"部分，所列的课程内容有："欣赏不同文化与时代的美术作品""欣赏中外优秀建筑作品""欣赏书法与篆刻作品""欣赏新媒体艺术作品""现实生活中发生的美术现象及相关图片"。问题在于，上述例子中大部分课程内容都属于"欣赏对象"，而非欣赏的内容。对于欣赏内容的描述包括："了解中外著名美术家及流派""分析设计作品的实用性与审美性""了解中国传统工艺的制作方式与特点""体会建筑、环境与人之间的关系""感受（书法与篆刻作品）的特征""了解科技发展与美术创作的关系"。

对比之下，中国课程标准中的课程内容，过多地与"欣赏对象"掺杂在了一起，影响到欣赏内容在艺术领域中的"普适性"。比如"体会建筑、环境与人之间的关系"，在实施过程中，可能使学生只思考建筑、环境与人的关系，而不再思考国画、油画、雕塑、装置艺术与环境和人的关系。而美、澳课程标准中的课程内容，始终针对的是"艺术家""表现手法"与"艺术观念"等艺术中的"大概念"（或称哲学问题）。这些概念在设计、绘画、雕塑、建筑领域皆可进行探讨，其更强调学生在艺术活动中诞生出的哲学思考。

（三）三国课程标准中"素养培养"的体系的对比

中、澳两国的课程标准，相对更强调"知识、技能目标"的达成，并为此类目标列出了比较详细的培养体系。澳大利亚素养目标的完成，主要通过"针对某些知识技能的探索问题"来实现。例如："如果有人要预订你的一件艺术作品，你如何满足客户的需求？你会为了钱而妥协乃至放弃自己的艺术理念吗？"这一类问题在其课程内容中所占的比例较高。

前文分析过，中、澳两国课程标准的阐述均不以"时间逻辑"为重，素养类目标在不同的学段（年级）相对缺乏"连续性"，因此在其中寻找素养培养体系是较为困难的。而美国课程标准将"创造""想象""团队协作"等素养与美术学习的领域结合起来，以时间为主轴，从学前班至高三的13年基础美术教育中，培养学生某类美术知识技能目标与相关的素养目标。

以表5-4为例，从学前班的"玩耍"到五、六年级的"用创新性想法来创作"，在稳步提高学生在创作方面要求的同时，也在"创造力""团队协作"等素养方面对学生的学习过程提出了要求。

表5-4 中国的艺术课程标准——"创作"学习领域

视觉艺术：创作	核心标准1：对艺术想法和艺术作品产生概念 持续理解：创造力和创新思维作为基本的生命技术是可以培养的。 基本问题：什么样的环境、态度和行为支持创造力和创新思维？什么样的事实妨碍或者鼓励人们从事创造性的冒险？团体合作是如何拓展创造过程的？	学前班	运用素材，自主玩耍。
		幼儿园	运用相关素材进行探索和富于想象力的玩耍。
		一年级	运用素材进行探索和富于想象力的玩耍。
		二年级	通过团体头脑风暴提出多种方法以解决艺术和设计问题。
		三年级	对一个富于想象力的想法进行详尽的描述。
		四年级	通过头脑风暴提出多种方法以解决创造性的艺术或设计问题。
		五年级	在综合各种想法的基础上产生一种创新性的想法来进行艺术创作。
		六年级	以团体合作的方式综合各种概念，然后产生创新性的想法来进行艺术创作。
		七年级	运用方法来克服创造上的问题。
		八年级	在传统的或者新式的媒体上用视觉或者语言方式记录最初的创造过程。
		高一	运用多种方法进行创作。
		高二	在学生现有的艺术作品的基础上，以个体或者团体合作的方式提出新的创作问题。
		高三	通过设想和假设制订有关艺术创造和设计的想法和方向的计划。这样的艺术创造和设计应该能对社会产生影响。

由于素养类目标与美术学习领域、美术知识技能类目标结合的问题非常复杂，因此笔者认为：在课程标准中将素养类目标的体系设置得清晰明了，有利于美术教师更好地理解两类目标的关系，理解由易到难的课程目标体系，有利于其在教学中更好地达成课程目标。

二、不同国家课程标准的"灵活性"对比

由于中国地域广大，不同地区的经济、文化差异较大。因此在美术课程标准制定的过程中，必须考虑其"适用性"与"灵活性"，使课程标准在不同省份地区都能够起到提高美术课程质量的作用。

（一）中国课程标准"灵活性"的体现

在中国美术课程标准中，为了完成课程目标，课程内容需要具有一定的灵活性。从其在课程标准文本中所处的位置就能看出这些课程内容的"建议性质"。探索课程目标的递进关系，可以更好地说明"学""评"环节如何细化课程目标，将课程目标中最重要的趋势变化整体表现出来。

如第四学段的课程目标是"欣赏不同时代和文化的美术作品，了解重要的美术家及流派。通过描述、分析、比较与讨论等方式，认识美术的不同门类及表现形式，尊重人类文化遗产，对美术作品和美术现象进行简短评述，表达感受和见解"。为达成这一课程目标，"学"中就提到："通过查阅或搜集资料的方式，了解中外著名美术家及流派。"这是实现第四学段课程目标的一个建议，针对现在课堂上美术史知识都是由"教师讲授"现状而提出，其实很多知识应该由学生自己"查阅或搜集"。这本是现代公民必备的一项能力，但是，在中国广大偏远、落后地区的学校，这一要求就很难达到，因为在这些地区的大部分学校与学生家庭里，既没有网络，也没有足够的图书资源。这也是课程标准将此课程内容

列为"建议"的原因之一。

仍以第一学段"造型·表现"学习领域为例,其课程目标与课程内容的关系可以通过以下列表更加清晰明了地展现(表5-5)。

表5-5 课程目标与课程内容的关系

课程要求	文本来源	内容性质	美术知识/技能/素养
1.尝试（简单的美术）工具；	课程目标	课程目标	—
2.体验容易找到的媒材（如：纸）；	课程目标	课程目标	—
3.大胆、自由地表现所见所闻；	课程目标	课程目标	—
4.体验造型活动的乐趣；	课程目标	课程目标	—
1.以游戏的方式；	学习活动建议	教学方法	—
2.体验工具媒材的效果；	学习活动建议	课程目标	工具媒材
3.借助语言表达自己的想法；	学习活动建议	课程内容	美术表达
4.尝试线条、形状、色彩；	学习活动建议	课程内容	美术语言
5.认识常用颜色；	学习活动建议	课程目标	美术语言/美术知识
6.尝试纸材、泥材；	学习活动建议	课程内容	工具媒材
7.学会使用简便的工具（加工纸、泥）；	学习活动建议	课程内容	美术技法
8.折、叠、揉等方法（加工纸泥的技法）；	学习活动建议	课程内容	美术技法
9.尝试实物拓印；	学习活动建议	课程内容	美术门类/美术技法
1.大胆、自由地表达；	评价要点	课程目标	—
2.观察；	评价要点	课程内容	美术素养
3.感受；	评价要点	课程内容	美术素养
4.想象；	评价要点	课程内容	美术素养
5.创作反映自己学习水平的作品；	评价要点	课程目标	核心素养/美术表达
6.辨别12种以上的颜色；	评价要点	课程内容	美术知识

可以看出，本学段"造型·表现"学习领域的课程目标，其实只是让学生"体验美术的工具媒材、创造活动的乐趣"，并"尝试用美术进行表达"。课程内容中却提出多项包括"线条、色彩、折、叠、实物拓印"等知识技能层面的建议。这些课程内容都可以替换成教师上课时的教学内容，成为教学目标，但其只不过是为了达到课程目标的"手段"。

（二）美国、澳大利亚艺术课程标准的灵活性

美国国家核心艺术课程标准也会为课程目标提出具有一定灵活性的课程内容。比如，在美术创作的学习中，美国课程标准对此项课程目标的描述为"持续理解：艺术家和设计师运用形式、结构、素材、概念、媒体和各种艺术制作方法进行实验。"针对此课程目标，从学前班至高三的13个年级中，每一年的课程内容都是具有灵活性、探究性的"核心问题"。

如学前班阶段的课程内容为"广泛运用各种艺术创作工具"，一年级的课程内容为"尝试运用素材和工具进行艺术创作和设计"，二年级的课程内容为"尝试用不同的素材和工具来探索个人在一件艺术作品或设计里的兴趣"。可以看出，每个年级的课程内容之间难度递进的关系比较明显。另外，其课程内容本身也具有很强的灵活性。假设一位教师以一年级的课堂内容为基础进行教学，只要是让学生熟悉各种美术素材、形式、结构并尝试进行艺术创作，就会符合课程标准的课程内容要求。至于在这一年中，需要让学生接触哪些美术素材、形式语言，都可以由教师自己决定。

又如，澳大利亚课程标准视觉艺术卷9、10年级的"回应"（Responding）学习领域提出，其总课程目标是"评价：艺术家的表现手法如何展示了自己的艺术观念？这些手法又如何决定了他未来的艺术风格走向？"一个针对此课程目标设计的课程内容为："找几位文化背景各不相同的艺术家，调查他们的创作方法、

技法、对艺术的观点等方面是否有较大的不同，以及他们喜欢用怎样的手法来传递、交流、表达自己的观点。"

相比之下，因为每个课程目标的后面都是五至六条与其相关的课程内容，因此澳课程标准中"课程内容是课程目标的分解"的这一理念表现得更为清晰。在课程内容中，完成课程目标的方法虽然更加明确，但仍具有较强的灵活性。如"找几位艺术家来调查"，这一课程内容在任何国家、地区，任何经济、政治条件下，都有可能达成。

（三）另一种"灵活"——以"大概念"为教学内容

可以看出，中、美、澳三国的课程标准，都以"课程目标"为纲，以实现课程目标为最终目标。三者体现灵活性之处，都在于"课程内容"的部分。但是，中国课程标准中课程内容的灵活性，体现在它的"建议性"上，即课程内容本身十分具体。第一学段"造型·表现"学习领域需要学习的具体知识、技能，以及需要学生体验的具体工具、媒材，均在课程标准文本中明确列出。

对比美国课程标准关于"课程内容"的阐述，不难发现，中国的这种叙述方法，与美国课程标准在每个年级强调的"素材、工具、制作程序"，均为美术创作中的一类元素。不同年级学习美术创作时的难度差异，体现在其需要思考的创作元素类别越来越多、情况越来越复杂的情境下。

相比之下，中国课程标准所举多为学习的具体美术知识、技能，对教师来说，这更具"建议性""启发性"；美国课程标准所举多为创作元素，更强调"体系性"和教师的"主动性"。与中国课程内容阐述更加具体特点相比，由于美国课程标准所制作的课程内容，没有涉及任何确切的"美术工具媒材、知识技法"，依照这样的课程内容教学，可以保证教学中会照顾到所有美术创作、欣赏的"大概念"（必要问题）。此外，由于所有课程内容都是"大概念"型问题，需要教师根据自己的美术素养，将其与具体课题、工具媒材联系起来，因而需要教师的"主动性"。因为有了这样的特点，也使课程标准更具有"普适性"。由于某些偏远地区农村中小学不具备网络与图书资源，类似中国课程标准制定的"要求学生搜索相关资料"的要求有可能无法实现。如果对这种阐述形式加以借鉴，能使我国美术课程标准更好地适应不同地区"经济""地域、文化""教师素质与特长"等方面的差异。

澳大利亚课程标准的课程目标中，更倾向于将所有重要的、值得学生探索的问题列出来，形成一个"供学生探索的体系"。其"课程内容+具体学习对象"的倾向更加明显。例如，"探索不同时代、文化中的著名作品所具有的'传统视觉形象'，如表现主义、野兽派"。

此外，我国课程标准这一学段的课程目标中，则更多强调学生"欣赏作品、了解美术家及流派"。这些都是知识类目标，要达成这些目标，最佳的方法是教师讲授、学生记忆（听）。而澳大利亚课程标准中，更强调让学生探明艺术手法与艺术观念的关系。这一要求更贴近培养"素养目标"，学生通自主地探查，才能得到"自己的"答案。综上所述，我国课程标准中课程内容的特点，只是提出"欣赏对象"和"欣赏方法"，并未说明学生应该自主欣赏、讨论哪个欣赏课程中的关键问题，探讨的内容不够明确。

（四）以职业体验为目标的培养体系

《义务教育美术课程标准（2011年版）》在前言中对美术学科价值的定位是："为国家培养具有人文精神、创新能力、审美品位和美术素养的现代公民。"其后四个学段、四个学习领域的课程目标和课程内容，都是围绕着这一教育目标制定的。

美国、澳大利亚课程标准对自身的定位与中国有些许差别。美国课程标准将美术学科的意义描述为："为学生进入大学、就职、或成为社会公民打下基础。"这种描述方法确实更加全面，直面普通美术教育的几种主要价值。澳大利亚视觉艺术课程标准则要求学生"探寻艺术家、工匠、设计师的奥秘……感受艺术家和观众的区别。"

正是因为有了这样清晰实用的"课程意义阐述",美国、澳大利亚课程内容的培养始终保持了对"职业体验"的关注。在设计一些较深、较难、有较强专业性的课程目标时,这也是一个较有说服力的理由。加德纳在《多元智能》一书中第一次将教育与职业体验联系在一起:"我个人认为,学生在接受教育生涯中最重要的事,莫过于找到适合个人智能组合的学科或技艺……发现适合自己智能状态的职业或副业的机会。"①

美国课程标准让学生体验"艺术家""设计师""艺术品收藏者""观众"对美术的看法与思考模式;澳大利亚课程标准则要求学生以"艺术家""工匠""设计师""策展人""观众"五种与美术相关的职业、社会角色看待艺术,体会不同的身份会带来哪些认识的不同。这正符合了加德纳关于加强学生职业体验的教育理念。学生对于自己特长、优势、兴趣和爱好的自我认知,与其社会角色、职业定位和人生观有紧密的联系。很多教师都认为,目前很多学生忽然产生的茫然感,与其自我定位的缺失有很大的关系。

美国课程标准更关注"美术课程对普通公民有什么用,普通公民学到的美术知识技能素养,可以在生活中做哪些事情。让每位学生体验美术的几种主要从业者的工作、思想,是否能够帮助他们更好地选择职业"。可以说,这也是中国课程标准"总目标"中所列的教育目标,但是在实现的过程中,却有很大的区别。

---

① 霍华德·加德纳. 多元智能[M]. 沈致隆,译. 北京:新华出版社,1999:80.

参考文献

一、中文书目

[1] 威廉·A. 哈维兰. 文化人类学[M]. 瞿铁鹏, 张钰, 译. 上海: 上海社会科学出版社, 2006.

[2] 尼古拉斯·米尔佐夫. 视觉文化导论[M]. 倪伟, 译. 南京: 江苏人民出版社, 2006.

[3] 雷蒙·威廉斯. 关键词: 文化与社会的词汇[M]. 刘建基译. 北京: 生活·读书·新知三联书店, 2005.

[4] 赫伯特·马尔库塞. 单向度的人: 发达工业社会意识形态研究[M]. 刘继, 译. 上海: 上海译文出版社, 2008.

[5] 赫伯特·马尔库塞. 审美之维[M]. 李小兵, 译. 桂林: 广西师范大学出版社, 2001.

[6] 向世陵. 中国哲学智慧[M]. 北京: 中国人民大学出版社, 2006.

[7] 汉语大字典编辑委员会. 汉语大字典（八卷本）[K]. 成都: 四川辞书出版社, 2006.

[8] H.G. 布洛克. 现代艺术哲学[M]. 滕守尧, 译. 成都: 四川人民出版社, 1998.

[9] 康德. 判断力批判[M]. 邓晓芒, 译. 北京: 人民出版社, 2002.

[10] 克莱夫·贝尔. 艺术[M]. 薛华, 译. 南京: 江苏教育出版社, 2005.

[11] 格罗塞. 艺术的起源[M]. 蔡慕晖, 译. 北京: 商务印书馆, 1984.

[12] 阿瑟·丹托. 艺术的终结[M]. 欧阳英, 译. 南京: 江苏人民出版社, 2005.

[13] 阿瑟·丹托. 美的滥用——美学与艺术的概念[M]. 王春辰, 译. 南京: 江苏人民出版社, 2007.

[14] 鲁道夫·阿恩海姆. 艺术与视知觉[M]. 滕守尧, 朱疆源, 译. 成都: 四川人民出版社, 1998.

[15] 鲁道夫·阿恩海姆. 视觉思维: 审美直觉心理学[M]. 滕守尧, 译. 成都: 四川人民出版社, 1998.

[16] 徐复观. 中国艺术精神[M]. 上海：华东师范大学出版社，2001.

[17] 潘洪建. 教学知识论[M]. 兰州：甘肃教育出版社，2004.

[18] A. V. Kelly. 课程理论与实践[M]. 吕敏霞，译. 北京：中国轻工业出版社，2007.

[19] 玛利亚·蒙台梭利. 蒙台梭利儿童教育手册[M]. 肖咏捷，译. 北京：中国发展出版社，2006.

[20] 联合国教科文组织国际教育发展委员会. 学会生存：教育世界的今天和明天[M]. 北京：教育科学出版社，1996.

[21] 迈克尔·W. 阿普尔. 意识形态与课程[M]. 黄忠敬，译. 上海：华东师范大学出版社，2003.

[22] 迈克尔·阿普尔. 官方知识——保守时代的民主教育[M]. 曲囡囡，刘明堂，译. 上海：华东师范大学出版社，2004.

[23] 亨利·A. 吉鲁. 教师作为知识分子：迈向批判教育学[M]. 朱红文，译. 北京：教育科学出版社，2008.

[24] 保罗·弗莱雷. 被压迫者教育学[M]. 顾建新，赵友华，何曙荣，译. 上海：华东师范大学出版社，2007.

[25] 布鲁纳. 教学论[M]. 姚梅林，郭安，译. 北京：中国轻工业出版社，2008.

[26] 梅雷迪斯·D. 高尔，沃尔特·R. 博格，乔伊斯·P. 高尔. 教育研究方法导论[M]. 许庆豫等，译. 南京：江苏教育出版社，2002.

[27] 张厚粲，徐建平. 现代心理与教育统计学[M]. 北京：北京师范大学出版社，2004.

[28] 林崇德. 发展心理学[M]. 北京：人民教育出版社，1995.

[29] 郭晓明. 课程知识与个体精神自由——课程知识问题的哲学审思[M]. 北京：教育科学出版社，2005.

[30] 石中英. 知识转型与教育改革[M]. 北京：教育科学出版社，2001.

[31] 陈向明. 质的研究方法与社会科学研究[M]. 北京：教育科学出版社，2000.

[32] 李雁冰. 课程评价论[M]. 上海：上海教育出版社，2002.

[33] 卡尔·波普尔. 客观知识论——一个进化论的研究[M]. 舒炜光，卓如飞，周柏乔，曾聪明等，译. 上海：上海译文出版社，2005.

[34] 赵秀福. 杜威实用主义美学思想研究[M]. 济南：齐鲁书社，2006.

[35] 杜威. 艺术即经验[M]. 高建平，译. 北京：商务印书馆，2005.

[36] 杜威. 我们怎样思维·经验与教育[M]. 姜文闵，译. 北京：人民教育出版社，2005.

[37] 钟启泉，崔允漷，张华. 为了中华民族的复兴　为了每位学生的发展《基础教育课程改革纲要（试行）》解读[M]. 上海：华东师范大学出版社，2001.

[38] 课程教材研究所. 20世纪中国中小学课程标准·教学大纲汇编：音乐·美

术·劳技卷[G].北京：人民教育出版社，2001.

[39]弗里德里希·席勒.审美教育书简[M].上海：上海人民出版社，2003.

[40]H.加登纳.艺术与人的发展[M].兰金仁，译.北京：光明日报出版社，1988.

[41]艾迪斯，埃里克森.艺术史与艺术教育[M].宋献春，伍桂红，译.成都：四川人民出版社，1998.

[42]布朗，科赞尼克.艺术创造与艺术教育[M].马壮寰，译.成都：四川人民出版社，2000.

[43]阿瑟·艾夫兰.西方艺术教育史[M].邢莉，常宁生，译.成都：四川人民出版社，2000.

[44]帕森斯，布洛克.美学与艺术教育[M].李中泽，译.成都：四川人民出版社，1998.

[45]沃尔夫，吉伊根.艺术批评与艺术教育[M].滑明达，译.成都：四川人民出版社，1998.

[46]王柯平，杨平，李中泽，黄水婴.美国艺术教育新台阶[M].成都：四川人民出版社，2006.

[47]罗恩菲德.创造与心智的成长[M].王德育，译.长沙：湖南美术出版社，1993.

[48]北京大学哲学系美学教研室.中国美学史资料选编（上册）[M].北京：中华书局，1980.

[49]常锐伦，唐斌.美术学科教育学[M].北京：人民美术出版社.2007.

[50]辞海编辑委员会.辞海[K].上海：上海辞书出版社，1999.

[51]顾祖钊.艺术至境论[M].天津：百花文艺出版社，1992.

[52]黄仁宇.中国大历史[M].北京：生活·读书·新知三联书店，1997.

[53]中国大百科全书出版社.简明不列颠百科全书（第9卷）[K].北京·上海：中国大百科全书出版社，1986.

[54]李福顺.中国美术史(上)[M].沈阳：辽宁美术出版社，2000.

[55]李来源，林木.中国古代画论发展史实[M].上海：上海人民美术出版社，1997.

[56]李泽厚.美的历程[M].天津：天津社会科学出版社，2001.

[57]毛礼锐，瞿菊农，邵鹤亭.中国古代教育史[M].北京：人民教育出版社，1979.

[58]美术课程标准研制组.普通高中美术课程标准（实验）解读[M].南京：江苏教育出版社，2004.

[59]教育部基础教育司.全日制义务教育美术课程标准解读（实验稿）[M].北京：北京师范大学出版社，2002.

[60]裴娣娜.教育研究方法导论[M].合肥：安徽教育出版社，1995.

[61]彭吉象.中国艺术学[M].北京：北京大学出版社，2007.

[62] 荣格. 荣格文集[M]. 冯川, 译. 北京: 改革出版社, 1997.
[63] 王国维. 人间词话[M]. 上海: 上海古籍出版社, 1998.
[64] 徐复观. 中国艺术精神[M]. 上海: 华东师范大学出版社, 2001.
[65] 尹少淳. 美术及其教育[M]. 长沙: 湖南美术出版社, 1995.
[66] 尹少淳. 美术教育: 理想与现实中的徜徉[M]. 北京: 高等教育出版社, 2005.
[67] 尹少淳. 走进文化的美术课程[M]. 重庆: 西南师范大学出版社, 2006.
[68] 尹少淳. 两岸清风·双潭映月海峡两岸研究生美术教育论文集[C]. 北京: 首都师范大学出版社, 2010.
[69] 中国大百科全书总编辑委员会《心理学》编辑委员会. 心理学[K]. 北京: 中国大百科全书出版社, 1991.
[70] 中国大百科全书出版社编辑部. 中国大百科全书（简明版）第7卷[K]. 北京: 中国大百科全书出版社, 1995.
[71]《中国大百科全书》总编委会,《中国大百科全书》编辑部. 中国大百科全书（精华本）·第2卷[K]. 北京: 中国大百科全书出版社. 2002.
[72] 中华人民共和国教育部. 普通高中美术课程标准（实验）[S]. 北京: 人民教育出版社, 2003.
[73] 宗白华. 美学散步[M]. 上海: 上海人民出版社, 1981.
[74] 阿瑟·C.丹托. 艺术的终结之后——当代艺术与历史的界限[M]. 王春辰, 译. 南京: 江苏人民出版社, 2007.
[75] 艾略特·W.艾斯纳. 儿童的知觉与视觉的发展[M]. 孙宏, 刘海英, 张丹, 葛凌凌, 译. 长沙: 湖南美术出版社, 1994.
[76] 贝蒂·艾德华. 像艺术家一样思考[M]. 张索娃, 译. 哈尔滨: 北方文艺出版社, 2006.
[77] 霍华德·加德纳. 多元智能[M]. 沈致隆, 译. 北京: 新华出版社, 1999.
[78] 伊莱思·皮尔·科汉, 鲁斯·斯特劳斯·盖纳. 美术, 另一种语言的学习[M]. 尹少淳, 译编. 长沙: 湖南美术出版社, 1992.
[79] 赫伯·里德. 通过艺术的教育[M]. 吕廷和, 译. 长沙: 湖南美术出版社, 1993.
[80] 赫伯特·里德. 艺术的真谛[M]. 王柯平, 译. 沈阳: 辽宁人民出版社, 1987.
[81] 阿雷恩·鲍尔德温等. 文化研究导论[M]. 陶东风等, 译. 北京: 高等教育出版社, 2004.
[82] 贡布里希. 艺术发展史[M]. 范景中, 译. 天津: 天津人民美术出版社, 1998.
[83] 柯林武德. 历史的观念[M]. 何兆武, 张文杰, 译. 北京: 商务印书馆, 1997.

[84]理查德·豪厄尔斯. 视觉文化[M]. 葛红兵等,译. 桂林: 广西师范大学出版社, 2007.

二、英文书目

[1]TOM ANDERSON. Art for life: authentic instruction in art[M]. Boston: McGraw-Hill, 2005.

[2]CHARLES M. DORN, STANLEY S. MADEJA, F. ROBERT SABOL. Assessing Expressive Learning: A Practical Guide for Teacher-Directed Authentic Assessment in K-12 Visual Arts Education[M]. Mahwah: Lawrence Erlbaum Associates, Inc., Publishers, 2004.

[3]DAVID WEBSTER. Teachers' voices:an evaluation of the certification track in art at The University of Northern Iowa[D]. Tallahassee:Florida State University, 2005.

[4]ELLIOT W. EISNER. The arts and the creation of mind[D]. New Haven: Yale University Press, 2002.

[5]JESSICA HOFFMANN DAVIS. Framing education as Art: the octopus has a good day[M]. New York: Teachers College Press, 2005.

[6]PHILIP BABCOCK GOVE, THE MERRIAM-WEBSTER EDITORIAL STAFF. Webster's Third New International Dictionary of the English Language[M]. Springfield: Merriam-Webster, 1993.

[7]R. W. EVANS, &D. W. SAXE. Handbook on teaching social issues [M]. Washington, DC: National Council for the social studies, 1996.

[8]DEBORAH CURTISS. Introduction to visual literacy:a guide to the visual arts and communication[M]. Englewood Cliffs: Prentice-Hall, 1987.

[9]ERWIN PANOFSKY. Studies in iconology[M]. New York:Oxford University Press, 1939.

[10]JACQUES DERRIDA. Margins of philosophy[M]. Chicago: University of Chicago Press, 1982.

[11]PATRICK FUERY, KELLI FUERY. Visual cultures and critical theory[M]. New York: Oxford University Press, 2003.

[12]RONALD CARTER, JOHN MCRAE. The routledge history of literature in English: Britain and Ireland[M]. London; New York: Routledge, 2002.

附录

附录1 部分教师访谈记录

访谈对象：张宏旺
学校：北京交通大学附属中学
职称：特级教师
记录人：佟蒙、李敏、王涵茜、刘洋洋、翟闯
时间：2015年9月21日15:26
地点：北京交通大学艺术中心
（以上信息如无纸面记录，在访谈录音开始时，以语音方式记录亦可。）

一、访谈目标概述

自2001年新的美术课程标准发布以来，美术教育的主要目标已经从培养"知识、技能"逐渐向培养"能力、素养"过渡。但是，在保证"双基"教学的同时尽可能地培养学生的能力，是一项极难完成的任务。因此，本调研意在了解一线教师如何以自己的方式理解、实现学生素养的培养。

二、核心问题

李敏（以下简称李）：近来，美术教育领域越来越重视培养学生的"视觉素养"（即读图能力），您对这种能力是怎样理解的？

张宏旺老师（以下简称张）：就我的理解，美术学习主要有两个部分："认知"和"表达"。先学会认知，才能够表达。认知最好能够与表达结合起来，才能相互促进。

"读图能力"不仅是美术的要求，别的学科也经常要求学生学会读图（比如语文、数学），但美术课读图的机会更多、要求也更高。在读图的时候，要把图像与美术的基础知识、理论结合才可以。

比如，在看一幅关于马的作品的时候，作者如何表现马的骨骼、肌肉？在奔跑时，肌肉运动有怎样的规律？只有考虑了这些，才能把图"读懂""读通""读精"，否则的话，可能什么都读不出来。

李：是的，要读出美术独特的东西来，学生才能有所收获。那么，您认为美术

的读图能力能使学生获得哪些方面的成长呢？

张：我认为，这首先包括美感素养成分。学生要能够了解作者是怎样表达美感的。因为我们培养的不是美术家，他们日后所要面对的作品，不一定是以前见过的。如果他们在使用以前学过的美术知识，对这幅未知的作品进行评价时，能够包含色彩、造型、美感、情感表达等方面，这就是读图能力的体现，也是提高民族素养的一个重要方面。因为我个人对美术非常地喜欢，这会潜移默化地影响到学生的态度，并逐渐培养他们愿意去欣赏美。

李：美术课程是与文化、生活紧密相连的，您在授课时会怎样帮助学生将知识、技能与生活、文化相联系？请举几个相关的课例来说明您的方法。

张：我的教学一直奉行一条原则——"从生活当中来，到生活当中去"。比如，在讲到西洋美术史的洞穴壁画时，画中的原始人狩猎就是生活的一种体现。一开始，绘画就是在记录原始人狩猎的生活。生活中发生的变化，都会在绘画里折射出来。所以，我经常会鼓励学生试着在画面中发现、在画面中寻找答案。在这个过程中，他们也会将作品与在其他学科里学到的知识（如历史、地理等）相结合。

随着时间的推移，人类社会发展到了脑力、体力劳动分开的阶段。美术作品的构图越来越严谨、色彩越来越鲜艳，逐渐向"精美"发展。所以，通过作品，学生可以欣赏其美感、感受其美术技巧，也可以观察远古人类社会的文化、生活。一般来说，这就是我上鉴赏课的三个主要内容。

下面再说一说绘画课。比如，上学期教"国画山水"时，我非常注重让学生去发现画中形象在生活中的原型。比如让他们先看看生活中的树，再看看国画作品中是怎样来表达这种树的。塑形象的"技法"是古人总结出来的，与生活中树的原型也有一定的差别，但毫无疑问，所有的形象都源于生活。

以松树树皮上的"鱼鳞纹"为例，它就是松树上天然的纹理。我们在绘画时，只不过是更多地注意了疏密、布局、线条的美感，但仍离不开"源于生活、高于生活"这条艺术的规律，无论理论还是技法。

其次，美术课与文化、生活相联系时，还要牵涉到学生的兴趣问题。比如"宗教建筑"的内容，学生就不太喜欢。而"文艺复兴"的内容，他们则表现出相对的关注。究其原因，可能与相关知识信息的普及有一定的关系，一般学生都或多或少地听说过文艺复兴。对那些不大熟的事物，他们一般不大喜欢。这种情况下，如果教师不注重教授方法的问题，学生的学习效果就会非常不好。

具体来说，在讲到与生活相关的事物时，学生的兴趣一般会比较高涨。比如，讲到维纳斯作品中所折射的公元5世纪的美感定律"古典歇站式"，学生就会特别喜欢，因为他们也都很喜欢美。

反过来，在讲到与生活无关的事物时，则一般没什么兴趣。比如，讲到多纳太罗的雕塑作品《大卫》，学生就不喜欢。用他们的话来说，这件作品的颜色"黑乎乎"的，不好看。在这种情况下，学生就会"用耳朵投票"——选择不听课。

高中美术鉴赏课一共有18课，包括中国美术史、西洋美术史。整体来说，是按照历史脉络推进，逻辑性较强。只要保证了这种逻辑性，每节课的内容的实虚、详略处理，都可以由教师来决定。因为不同群体、不同学生，甚至同一年级的不同班级对课程内容感兴趣的地方都有差异。不考虑这些，就会导致学生不听、走神，甚至逃课，那么教学就成了"无效教学"。甚至有很多学校，干脆停开了美术课——这是最极端的"无效教学"。现在的学生，越来越关注现实，对美术教材与现实差距较大的部分，兴趣度自然就越来越低。所以我认为以后的教材，也可以考虑不要对美术史的所有时代都平均对待，在保证历史脉络严谨性的同时，也采取"有实有虚"的方式，提高学生的兴趣。

另外，把鉴赏与创作结合起来，使其贴近学生生活，也是我经常采用的方式。由于学习方式与内容都不同，可以较好地使学生保持兴趣。一个很现实的问题是，学生喜欢的课可以上。明明知道学生不喜欢，还要上，必然导致教学效率低下。在这种时候，我觉得可以适当地变通一下，有的时候，让学生体验体验版画、纸黏土，都是不错的选择。

李：教师的成长与经验、努力分不开，也与各种学习、进修的经历有很大的关系，请您谈一谈，哪些经历（或经验）对您的教学水平成长帮助最大？

张：我觉得，最重要的动力来自学生，也就是"教学相长"。我一直认为，这是促进教师专业化和努力提高自我的最重要的因素。如果面对的学生基础较差，教师自然就会降低教学的难度以适应学生。而事实上，有很多学生对美术学习的热情很高。甚至有一次，在讲到教堂的时候，有位学生站起来侃侃而谈，"将"了老师一军。在这种情况下，自然促进教师去努力提高自己的专业知识。

以前我们总说："要给学生一碗水，自己就要有一桶水。"可是现在网络发达，学生都有了一桶，甚至一潭水，对教师的要求就更高了。在每节课之前，我也很担心出现"卡壳"或"被将军"的情况，也偶尔有过被学生"问倒"的经历。在这时，应该奉行"学高为师"这个原则：一方面，学生懂得多，其实是好现象，不要怕被学生抢了风头；另一方面，这也成了让我保持学习的一个主要动力。

随着"教学相长"的过程，我在技法、鉴赏方面的积累越来越多，掌握了很多以前都不甚了解的很多东西。由于自己真的很喜爱美术，在这个过程里也不觉得累。既是工作，又是自己的爱好，何乐而不为呢。这本来也就应该是教师的一点点追求，比如，今天我教学生写字，明天再教他们写同样的字时，我自己的书写水平、对它们的理解水平，都应该更高一些。如果总是原地踏步，不仅会被别人赶超，自己也会对自己不满。因为喜欢美术，所以所有成长都不是为了别人。

附录2 部分教师访谈记录

访谈对象：陈敏、张莞、李锶、赵静、刘艺、花庆峰、吴昌利
单位：国培学员访谈
记录人：佡蒙
时间：2015年11月12日
地点：首都师范大学 亚洲美术教育研究与发展中心
（以上信息如无纸面记录，在访谈录音开始时，以语音方式记录亦可。）

一、访谈主要内容：
1. 日常教学时，教材是否够用？
2. 对课标是否熟悉？
3. 是否参加过正式的课标学习活动？
4. 课标对日常授课是否有帮助？
5. 对五种核心素养如何认识？

二、正文：

佡蒙（以下简称佡）：各位是否参加过正式的课标学习活动？

张莞（以下简称张）：我们学校里是没有的。因为校领导可能是默认的：所有课程沿着传统方式进行不就行了吗？去年在泸州参加过一个同课异构的教研活动，这可能与课标是相关的。

李锶（以下简称李）：学校开会的时候，会以小组为单位，进行一些相关的讨论。

吴昌利（以下简称吴）：这个应该是有教研活动的，我们那里每年8月底都会举行全区的教研活动，教研员会对所有学科的课标进行一次全面的解读。

陈敏（以下简称陈）：美术和英语、语文不同，那些学科的课标一动，考试就跟着动，所以课程、教学方式都要有相应的改变。而美术课程标准无论怎么变化，从学校领导的角度来看，课程仍然按照原来的方式进行，是没有任何问题的。

张：对，我们那里也是这种情况。

陈：我觉得在教学过程中，课标可能是以这样的方式体现出来的：教学结束以后，都需要一个考评，在这种时候，课标就成为考评的标准。还有各种各样的赛课活动，也是在体现课标的精神。很多教师逐渐地了解课标，都是通过这个渠道。

吴：对，举办区、市级的公开课时，都要从课标中找出一个重点突破的方向，这样才知道自己的课要怎么上。我们那里的区公开课，有一个独特的要求：不能是单节课，必须是系列课中的一节。之前教授过什么样的内容，也要很好地展示出来。我觉得这就很好地体现了课标的精神。

陈：我们那里备课时主要看的还是教参。当然，同样是泸州的美术教师，有的是在市区、有的在县区，还是有较大差距的。市区的高中、初中一般有十几个班，

一共四到五千人。

李：硬件、软件都差得很多。尤其是学生本身的素质，差异就很大。比如，昨天刘清峨老师的学生能画出那样的漫画作品，而且只是一位初中生，这对我们那里的学生来说，是不可思议的。从生源来说，我们学校这种艺术素养非常高的学生不多，因为只有从非常好的小学过来的学生，才能有这样的水平。

陈：对，一些有天赋的学生还好，没天赋的学生在绘画方面确实没有什么亮点。

李：对于一部分学生来说，只要教师认真地指导，还是有可能画出优秀的作品来的。但那是比较长期的作品，一节课是不可能达到那种水平的。必须是课下进行单独、长期地辅导才有可能。

陈：我们刚刚去央美，看到一个绘本展。就是让学生读一本书，用文字和图像同时来记录读这本书的感受。我觉得这就是一个很好的方式。现在语文课不是都非常强调阅读吗？用这种文字和图像相结合的方式，能够让学生更好地表达自己的想法，也是一种综合素养的体现。

吴：这一定要强调"画与文字"相结合，不能是纯粹的绘画。

陈：对。这种方式凸显了图像的作用，也让我觉得可以用绘画的方式，让美术与其他学科相结合。所以我在上课的时候，就让学生买彩铅，画植物或细胞。学校领导和其他老师也非常喜欢。

李：但是，要让学生买这些材料，在我们那里也很难实现。

陈：这可能需要像刘清峨老师讲的那样，得讲一些策略，才能取得领导的支持。

李：不完全是领导的问题。我们每次买画材的时候，都会有家长质疑："美术课不是什么重要的课程，为什么要求学生额外购买材料？"

陈：我们并不是要求学生买，而是让学生自愿地报名，买与不买都是完全自愿的。而且我们的学生买的都是最便宜的那种彩铅。这种几块钱的彩铅画出的作品，和几十块的水溶性彩铅画出的作品放在一起比较，学生立刻就能看出来两种材料的区别。这完全不是技巧的问题，在同等技巧下，好的彩铅就是能画出更好的效果。看到这样的情况，也会有一些孩子主动地要求购买更好的材料进行创作。几乎全班90%的学生最后都会购买。

花庆峰（以下简称花）：在我们学校，任何这种额外的材料、资料购买，都要给家长发一份清单，只有家长们都签了"同意"，才能进行；有家长写"不同意"的话，这些材料就买不成。

李：我认为我们的学生就算想买，都没有地方去买。我们镇上这样的画材店太缺了。

陈：可以采用网购的方式，人多的时候，可以统一进行网购。

花、李：这种额外购买材料的情况，学校也不支持，老师一般也不敢私自决定。

李：一旦有学生反映到领导那里，就会追究责任。

陈：这个问题可以像春游一样。春游现在也是不允许的，但是我们可以由家长委员会组织春游，邀请班主任来参加（多位老师笑）。我也是让班长和同学们自己协商，自己进行团购。不买的同学，我们也一视同仁，绝对不会有任何批评。大部分同学因为羡慕其他同学作品的效果，就自发地购买了。

李：但是我们那里的学生，在经济上还是有困难。比如，最近学校举办的"12·9"文艺活动，刚刚开始筹划，就有学生咨询费用问题，如果费用较高，就不能参加了。虽然买服装、租服装都花不了多少钱，他们心里面也很想参加，但是由于费用原因，还是不能参加了。

佟：学生家长的收入情况如何？

李：有很多家长的收入比教师还略高一些。但是，由于学生中有不少留守儿童，凭爷爷奶奶微薄的收入，是无法支持额外画材购入的。目前为止，我带的班里明确知道的孤儿就有三个，是完全没有大人供养读书的，生活条件就已经非常差了。有一位学生虽然有养父，但他的养父已经60多岁，所以他现在都是寄住在养父的朋友家。还有一位是7岁的时候，父母双亡，只能借住在朋友家。在这种情况下，向现在的养父母要钱就是一个非常困难的话题了。还有一位学生是留守儿童，由于父母不在身边，是由奶奶供养上学的。在一次正常收教材费用的时候，老人家也直接把学校告到了教育局。其实那一次，校方也是非常的委屈，确实是没有多收一分钱，都是正常的费用，教育局后来的调查也没有发现任何问题。这从侧面反映了我们的家长们对"收钱"的介意的程度。有些孩子为了省钱，下课以后都不坐车，走路1至2个小时回家。

陈：我们这里有些贫困县里的学校，反而比城市的条件还好。一所学校就有三间美术教室，而且有大量的画材。因为国家对贫困县的学校有补助，贫困县的学校进行每年例行的办公材料补充时，国家规定用于补充美术画材的费用不得低于2万。反而是我们城市中的直属校，缺乏了这样的硬性规定，画材得不到应有的补充。现实情况就是这样，有些学校有画材，却得不到合理的使用；在真正开设美术课的学校，却极度缺乏画材。

吴：上海这里的学校，所有的画室、画材都是教育局统一配发的。

李：学校里还有这样的情况：学校按要求，为每位教师都配备了画室，但是教师却由于各种原因，不在画室里上课，只是偶尔在里面进行自己的创作。

张：我们学校的情况正好相反，只要学校能为美术课配备画室，我非常愿意带学生去画室里上课。因为美术教材中的课程内容变化比较大，有剪纸、有手工、有国画，要求学生每节课都带不同的材料，实施起来是非常困难的。由于每周只有一节美术课，有的时候再因为活动、考试而暂停，学生虽然很愿意带足材料上课，但却特别容易忘记。

陈：我们这里也是没有任何画材的，我只能用刚才说的"自愿组团购买"的方式，让学生自己购买。而没有买材料的同学，只能让他们给有材料的学生打打下手，或是在旁边参观。

佟：吴老师，在上海的学校里，画材的问题是如何解决的？

吴：我们学校里每年都有设备购置的时间，学校就会要求所有学科的教师制作本学科所需材料、设备的报表，我只需要在想要的材料上打勾就行，需要多少勾多少。购买材料的费用也没有上限，一切都按照课程的需求决定。甚至美术教师为了自己创作而购置的材料，学校也一律支持。

除此之外，学校还为美术教师准备了一间用于自己创作、练习的画室，虽然非常小，但非常有用。自己的画室旁边，有三间相通的美术教室，上课的时候，可以直接把平时创作的作品，拿到教室里为学生们展示。一楼还配备有一间"兴趣课画室"，专门用于课后兴趣班教学使用，里面所有我需要的设备、材料，一应俱全。经过我与校长的沟通，校长还决定在三间美术教室的旁边，再配置一间"美术示范画陈列室"，陈列我的所有示范作品。

张：从某个角度来说，我们学校其实也是能拿得出这笔钱来的，只是校领导并不理解美术的作用，不支持在这些小学科上进行财政投入。其实学校的钱都是用不完的，但是没有往美术学科投而已。

陈、李：对，只是不支持。

陈：我们学校也是一样。我和其他学校总务处、财务处的老师也有过交流，他们也说学校的很多资金没有得到充分地利用。

佟：各位老师对"图像识读"这种核心素养的理解是怎样的？

吴：我觉得"图像阅读"这种课也应该经常上，平时是叫"艺术欣赏课"。我们在六年级就会上《故宫》一课，七年级则是《敦煌》。在欣赏作品时，首先会让学生欣赏画的内容——画中讲的是什么事情；然后再从美术语言的角度，让学生说一说画面的构图、色彩等因素。在这里我觉得最重要的是让学生来说，教师不断地进行提示、引导。如果我要上欣赏课，会事先提几个问题，让学生在网上搜索、了解，并在课上进行交流。

花：由于我们学校是乡镇中学，教学条件很差，不可能提前让学生去上网查资料。所以，在识图过程中，所有需要用到的资料，都要由教师一手准备。以《格尔尼卡》为例，我会从战争的角度，和学生聊一聊二战和抗日战争，让学生从这个角度了解画家的创作背景。

一般来讲，我讲课有两条线：一条是以美术为轴，一条是以感情为轴，或者说是一种亲情教育。关于美术的内容，主要就是关于构图、线条，以及作者为什么要这么画，画中人物的表情为什么这么狰狞。当然，学生经常回答不了这些问题，在这种情况下，就需要教师的大量引导。所以，我感觉上欣赏课特别累。

陈：我的感觉反而是，类似刚才的那些问题，学生应该大部分都能分析得出来。

佟：能不能以一个细节为例，说一说学生的普遍反应？

花：比如说《格尔尼卡》作品中的灯，我如果问学生："这个灯有什么象征意义？"学生就会照着课本来念。但是，我认为课本上表述也不准确："灯发出了锯齿状的光芒。"但是，课本并没有紧贴问题，说一说其意义。

陈：我觉得这是因为学生缺乏真实的感受，没有真切地感受到画面中传递出来的情绪。比如说，画面中的那匹马，眼睛瞪得很圆，甚至耳朵都是竖起来的。我就会让学生把眼睛瞪圆，然后试着把耳朵竖起来，然后再谈一谈自己的感受。说一说，作者想通过画面给我们传递一种什么样的感受。

还有，那匹马的鼻孔张大、舌头也伸出来了。我让学生学一学这个动作，然后试着发出声音。学生们发出声音以后，其他同学都会笑。因为他们说，这种声音特别像过年的时候，农村杀猪的声音。然后，我再请学生说一说，这些马在濒临死亡的时候，会是一种什么样的情绪、状态？

花：我带了6个班，只有一位学生真正回答出了我的问题。我的问题是："那个女人为什么哭的时候，是仰着头，而不是低着头，看着死去的孩子？"那位学生说了一句话："头上三尺有神灵。"然后说，"人在非常悲愤的时候，反而是仰头痛哭，不会低头。"

陈：连续剧里也经常会有这种"仰头痛哭"的形象，我就会着重引导学生去感受这种状态和声音，去感受电视剧里痛失最爱之人的那种感受。

花：所以，在我的课上，必须要引导学生到这种程度，学生才能跟得上。也有的时候，学生虽然会，但是仍然不愿意回答。

佟：学生为什么不愿意回答？

花：因为他们的那些"主科"老师，比如：语、数、英、政、史、地、生等，那些老师的要求都非常严格，问题回答错了的话，会有相应的惩罚。所以，学生已经根本"不敢"回答任何问题了。虽然我经常跟学生们解释："我们美术课和其他的课不一样，你们大胆地说。"但是他们也不说，他们已经形成了习惯。

李：其实我们学校上欣赏课的机会比较少，这个学期教室里才安装好多媒体设备。因为课本上要求的动手课，比如手工课，就没法上，目前为止，就只是上过一堂欣赏课。而在上欣赏课的时候，说实在的，有很多比较深层的意义，我自己都不是十分了解。所以，我只能给学生讲授一些很肤浅的东西，比如：线条、图形、构成等。我最喜欢和学生说一句话是："用几何课上你们最熟悉的简单图形来分析或创作一幅美术作品。"班级中比较听话的一部分孩子，已经开始用这些最简单的形状来尝试着创作图形，效果都挺不错。

我们没有往色彩方面讲，主要讲授的内容都在线条这方面。延伸很少的主要原因是，很多生成的东西我自己都不太清楚，就更别提讲给学生们了。

陈：是啊，都知道教学要"深挖"，但是我们既没有锄头，也不知道要往哪里挖。

李：欣赏课的作品，有什么故事，有什么意义，我一般不会按照书上来讲，而是让学生说出自己的观点。比如刚才提到的《格尔尼卡》，书上列出的解释就偏于"沉重"。而我在上课的时候，往往愿意讲一些书上没有的内容。对学生来说，脱开了书上的内容，他们反而能够自由自在地发挥自己的观点，思考也更深入一些。

张：但是我觉得讲《格尔尼卡》还是要先联系作品的背景，否则学生对作品的理解很可能有较大的偏差。

李：对，我会先讲清楚大的创作背景、社会环境，然后才让学生自由发挥。

张：我也有个困惑，希望各位老师帮我出出主意。我觉得欣赏课中，人物画、西方画欣赏的部分是相对简单的。比如，讲到《韩熙载夜宴图》，我都可以让学生去模仿，学生很容易就能感受到画中的人物是疯狂的、快乐的还是悲哀的。但是对于中国山水、花鸟画，学生却很难有直接的感受。相比这些作品，学生在感受《格尔尼卡》或《韩熙载夜宴图》的时候，表达情绪会更直接一些。而在讲这些画的时候，学生就显得没什么可说的。

在教学设计中，我也只能从专业的角度，讲一讲作品的构图，比如说"三远法"。但是学生对这些知识既不了解，也没多大的兴趣。这种时候再想"让学生主动讲"，他们有什么可讲的呢？我觉得这是个特别的难点，我非常困惑。

陈：山水和花鸟画，确实更难以找到那个"共情"的点。

张：没错，所以我非常困惑。

花：我觉得这种欣赏课必须得和中国的文化相结合，比如中国的诗歌。因为中国画家在创作的时候，也会同时写诗词。

张：在讲四君子的时候，这种情还更理解一些。而在讲山水画的"情"时，要理解画家画这些山水时到底在抒发、表达什么感情，就不像人物画的理解那么直接。打个比方，像《富春山居图》这样的画作，想让学生去只通过"看画""识图"来理解这幅名作中的情感，难度太高了。即使让我去看，我也只能借助书本上的语言了。

陈：我突然产生了一种想法，能否给学生设置一定的"台阶"，让学生找到画面与情感的联系。比如，每幅画配"道具"——"杀手""樱花""桃子""花瓶"让学生找到画面与道具的相同点，并把相应的道具与作品搭配起来。有了这样的一个"跳板"，学生可能更容易找到情感与作品之间的共同点。

佟：就是要把感情视觉化。

张：对，应该这样。还有，在讲到《格尔尼卡》的时候，虽然这幅作品并非写实的作品，但是其中有很多的动物——牛、马，那些动物的表情，学生还都能够感受得到。可是这种欣赏模式，在欣赏花鸟、山水画时就用不上了。学生与这些作品很有距离感，所以这是我遇到的最困难的问题。

李：我在上课时，最喜欢用的就是对比的方法——用多幅画让学生来说你喜欢哪一幅。一般来说，学生还是更喜欢写实类的作品。

张：现在中国画在教材上越来越多，所以我觉得这个"难题"越来越明显了。而且，中国画讲起来，没有人物画、写实的西方作品那么具有"实践性"，而很"虚"。比如在讲《韩熙载夜宴图》时，就有很多实实在在的东西，而讲山水时，讲的东西都是虚的。

高中教材中讲中国画的内容，大部分都是从"三远""以大观小"这些很学术的角度去讲；或者说："文人画是画家把自己的感情寄托在山水之间。"这都是很宽泛的知识，特别缺少对某一幅画感情的深挖。

佟：宗炳提出，中国山水画作品是挂在墙上"游之""居之"的，而不是画出来去卖的。这与很多写实作品，比如《格尔尼卡》有较大差别。

张：嗯，有道理。

花：在上欣赏课《捣练图》的时候，我从来不让学生先看课本上的说明，必须先看图。为了保证这一点，刚开始我会先要求学生不要看课本。比如让学生自己看看画中的那位小女孩，让他们自己说一说，那个小女孩的身份，以及她在做什么。80%的学生都不会觉得她是在玩耍，因为那是宫廷，不是普通人家。怎么可能出现一位玩耍的小女孩呢？

张：对，我也发现了这个问题，但课本上说她是在玩耍。

佟：那您觉得那位小女孩是在做什么？

花：我觉得那是在检验布熨烫得是否合格。

陈：那你觉得那位小女孩是个什么身份呢？

花：当然是小宫女。

陈：从年龄及发型来看，她确实是比旁边的几位宫女都小很多，比那个扇扇子的都要小。

佟：除非是公主。

陈：公主到那种地方去玩，她爸爸也要骂她的（大家笑）。

佟：那赵老师是如何看待"图像识读"这种能力的呢？

赵静（以下简称赵）：我上这样的课，还是从构图、拓展两个部分来上。但是近两年，我的教学方法有了一些改变。我会先让学生们查阅一些关于这些作品的资料。虽然我们是乡村学校，但每节课仍能有几位同学查到资料。在课前，就先让学生们互相分享查到的资料。

在接下来的时间，我还是会主要参照教材上面的内容。首先让学生谈一谈自己的感受，教师和学生们说一说画家画这幅画时的感受和想法。课堂临近结束的时候，就是拓展的环节。比如在《格尔尼卡》这节课上，我就会问一下：如果让你们来画这幅画，你们会选择用什么颜色？画些什么形象？有些学生会很认真地回答这些问题，但是也有一些顽皮的学生（尤其是男同学），会答出一些让人哭笑不得的答案。

吴：我觉得，城市学校虽然有优势，但也有劣势。反过来说，乡村学校其实也是有很多优势的。乡村学生相对来说更朴素。

陈：对，但是这样的学生上课时思维就没有那么活跃，很少有发散思维。

赵：比如在欣赏波提切利的作品《春》时，学生就会说"画里女子的肚子怎么都这么大""她是孕妇吧？""不对，是吃撑了！"这时，我就会引导学生："还有没有其他的想法？"学生就继续开拓思维，想出更多的答案来。

佟：那针对"肚子大"的问题，教师最后如何总结？

赵：最后还是要落到女性的"孕育""希望"这些点上。

陈：我不会这样讲。我会说，男人的肌肉是男性健康的象征，而女性的小腹、臀部比较圆，也是健康的象征。不一定非要是孕育，其本身就是健康的象征。

李：对，我教的学生里也有问我人体的线条与美的问题。我就会和他们谈一谈，以前我们大学画人体模特的时候，不会找特别有棱角分明的那种人，而是要找圆润的模特。我还会进一步引导他们思考："你们在买车的时候，是喜欢四四方方的，还是喜欢流线型的？"他们就会说喜欢流线型的。

花：《春》这幅画，虽然已经具有人文主义思考，但主要还是宗教题材。因为在那个时代，仍是宗教统治的时代。那些教会里的人，生活是非常富裕的，所以才会有那样的身材。

张：我会和学生们讲，成年的妇女，肚子上都会长一些肉。我记得以前有一位外美史老师，讲西方人体的时候，就是这样讲的。只有肚子上微胖，才更利于孕育下一代。

佟：这样讲太有意义了，它很好地矫正了现代社会的病态审美观——越瘦越美。

张、陈：对，对，像以前婆婆选媳妇的时候，都要选屁股大的（笑）。

张：我在讲课的时候，和学生解释肚子大的原因，就是因为这是健康女性所需要的。学生就会反驳我："老师，你看画面，他们的肚子不是'微微'有些大，而真的是特别大。"我就会和他们说："画家可能在作画时也有一些夸张。"

陈：我觉得还有一种假设，是不是当时的画家特别喜欢强调女性的腹部，就像现在的画家喜欢强调女性的胸部一样。

刘艺（以下简称刘）：我在讲欣赏课的时候，也是要从画家的背景开始。尤其重要的是课前让学生搜集相关的资料。把课堂交给学生，在课上让学生自己交流搜集的结果，老师只是稍做引导。有的时候，我会提前做一个任务卡，让每个小组的学生根据卡上的任务，制作一个PPT。因为我带的班每周只有一节美术课，发了这个任务卡，可以有效地防止学生把作业忘掉。所以我把任务卡发给课代表，再由课代表把任务卡分发给各组组长，让他们明了这一周自己要完成的任务是什么。

佟：这个方法有什么来源吗？

刘：这不仅是针对美术课的教学方法，针对班级管理也一样有效。本来，我们学校就非常注重让学生进行"自我管理"。所以在这样的大环境下，学生自己搜集资料、上课，教师只是起到"引导""小结"的作用。

说到欣赏课的教学内容，我一直有一个困惑——上欣赏课的时候，时间经常不够用。因为上欣赏课时，学生都非常活跃，每个人都想发言。因此，我一般都会安排一个环节，让学生去"表演"那幅美术作品，以利于他们更好地体验。但是，每到这个环节的时候，时间都不够了。

陈：我的课上，只是让学生坐在座位上体会画中形象的感受。

刘：我的第二个困惑就是，课堂特别混乱，纪律非常难管。学生们一方面不喜欢那些特别严格的老师，另一方面在我的课上，又会非常混乱。学生们说喜欢我的时候，我就会问他们："你们是不是因为刘老师看起来比较温柔，所以你们在课上更容易欺负刘老师？"他们的回答是："不是欺负，而是上刘老师的课更放松一些。"

陈：我觉得控制纪律的时候，需要一些小技巧。比如某位同学上课说话，我就会拍他的桌子，当他以为我要批评他的时候，我却给大家讲了一个故事（或笑话）。

这样既提醒了他，又不会伤害他的自尊心（面子）。

吴：刚开始我也喜欢用"武力"来"震慑"学生，控制纪律。但是，我慢慢地发现，学生的自尊心其实都是特别强的。尤其是在个人价值观形成的阶段，一定要非常慎重。所以现在我发现有学生说话的时候，我就会停下来，只是静静地看着他（她）。如果所有的人都看过去，他（她）就不会继续说了。

陈：这种方法在对付一两个人说话时比较有效，但是有更多的人说话，就没用了。

吴：对，如果说话的人过多，我就会直接往班门口一站，等着大家静下来。这样同学们就明白什么意思了。

陈：我会在上课的时候提前和学生树立一个规则："只有站着的人才能说话。"老师也是一样。所以，如果你有意见想要发表的话，就站起来再说。如果你不想站起来，那就暂时忍着不要说。这种方法一般都比较有效，因为不会有很多学生一下子站起来要求说话。

吴：现在老师上课，一般都有"小蜜蜂"（扩音器）的。

陈：我觉得，其实教师可以像评委一样，做几个有表情的牌子，上面有"高兴""生气""大哭"等表情，在需要的时候，只要把牌子举起来，告诉自己的态度就可以了。

吴：最好再做一个"赞"的牌子，当学生表现好的时候，给他举个"赞"。（大家笑）

陈：我用过一个道具，那是我儿子在幼儿园表演的时候用的"魔棒"，上面还有一对翅膀。我拿它来当教鞭使用，当成一个"噱头"，学生确实非常感兴趣。至少这个魔棒比教鞭更好看。第一节课，学生都很兴趣，但是到了第二节课，兴趣劲就过了。学生对教师这种视觉上的变化的要求还是非常高的。

吴：是这样的，很明显学生都喜欢年轻、漂亮的女老师。

陈：男老师也是一样，相对来说，年轻的男老师更受欢迎。

李：对，我们那里刚来了一位实习男老师。刚上完第一节课，学生就跑到我的办公室里和我说："新来的那个张老师特别好！"

吴：一般来说，作为一位美术老师，还是比较沾这个学科的光的，学生都喜欢音乐、美术老师。

张：但是，如果美术老师和语文老师一块出现，学生还是围着语文老师的，最多就是问一句"张老师，你好"。

吴：现在学生都这样，特别"伶俐"。

陈：我觉得这和老师与学生的私人关系也有关。

吴：所以毕业以后，学生来看的老师主要还是主科老师。

陈、张：班主任还是第一位的。

刘、花：我自己就没有期望学生毕业以后会来看我。我自己上完课，觉得对得起同学们就可以了。

陈：纯粹因为跟老师有感情，在毕业以后还会跟我联系的，一个年级一般只有3个。

吴：其实我有一个感觉，学习好的学生不一定和老师亲近，不一定能记得住老师。而那些成绩差的学生，虽然我感觉自己整天在找他们的麻烦，他们却跟我特别亲近。

陈、李、张：我没有这种感觉，至少不能说全部是这样。

赵：我们班上倒是这样，成绩好的见到我连招呼都不打，而成绩不好的人离得很远就会打招呼了。

吴：成绩好的人会觉得那些表扬、鼓励都是他们该得的。

刘：我既是班主任，也是美术老师，我感觉学生好像都不怎么跟我打招呼。

张：我觉得这也正常——班主任、语文、数学老师一天要和学生见多少次面？美术老师一周才和学生见几次面？学生一周至少要上七八节语文课，所以他们自然与主科老师更熟悉一些。所以这样的情况我感觉挺正常的。我就是每个班只认识一两位学生，对其他学生可能都是名字与人对不上号。但是一般来说，语文老师对于常带的班级，怎么可能还有不认识的人呢。除了那种极特别的情况，美术老师在私下里与学生保持着比较频繁的沟通，否则学生都应该是和美术老师不大熟悉的，这是正常现象。

吴、刘：一周一节课的美术老师与主科老师在这方面是没法比的。

张：对。

李：我之前有过这样一段经历——到本地的一所职高教他们美术的专业课，就是一周有很多节美术课、音乐课。那些孩子和我之间的感情，就和普通初中、高中的孩子完全不一样了。

吴：那里的孩子心态与普通初中也不一样啊，他们知道以后是要靠专业技能吃饭的。

李：对，很多学生毕业以后又见到我，还专门跟我说："老师，我们当时真是应该好好学专业课。"因为他们的工作方向是幼儿园教师，进入幼儿园以后不仅仅是教学生画画，幼儿园需要做装饰墙、墙绘的时候，全都需要他们自己去画。这样的学生，自己就有学习的动力，与平时我们教的普通美术教育是有较大不同的。

陈：我觉得学生与教师关系好，也有两种层次：一种是拍肩膀的"哥们义气"，另外一种是与老师在人生观、价值观上的一致。学生真正羡慕老师做人、做事、生活的方式，这样毕业以后才能保持很长久的联系。而这样的学生，一般都是产生于那些"学习成绩好的学生"了。很多对学习不上心的学生，在积极工作与学习方面，与我产生共鸣的可能性是比较小的。换句话说，我对他们只能是关心，而很难产生共鸣。他们有可能愿意请你吃饭，但是在吃饭的那一个小时，都没有什么话题可以聊的。

吴：我觉得这与教师的整体修养有关。为什么一届一届的学生毕业，他们主动联系的老师老是那几位呢？我觉得：第一，那些老师的专业素质非常高；第二，他们师德非常高;第三,就是人格魅力的问题了。

陈:我最近还有一个感受。我在课下带着一个朋友的孩子一起画画,在教她的时候,我更多是起到一个心理老师的作用。我们一起画同一张画,一边画,一边聊,那个过程非常惬意。她会把学习、生活中发生的所有事都告诉我,这完全就是一个心理辅导的过程。我觉得这种模式真的可以在学校的心理辅导中采用。在这样的绘画、交流过程中,他们的内心就会慢慢向教师敞开。

李:所以心理学里经常会用一幅画分析某个人的心理嘛。

陈:我们需要的是画画这样一种"放松的氛围",就像两个男生一起抽烟一样,气氛很快就进入那种放松的状态了。我们一起画画的时候,也自然就进入那种放松的状态。这时候,他们就愿意把生活里发生的事情,以及自己对这些事情的看法、感受告诉我们。在这种情况下,因为我们既不是他们班主任,也不是父母,所以我们的建议他们反而更容易接受一些。当然,我也觉得这种做法只能起到心理"疏通"的作用,并不能替他们解决一切问题。

另外,由于身份变化,我的处理方式也会发生很大的变化。比如,从朋友的角度来看,不觉得早恋是什么大问题;可是如果我是班主任或家长的话,就会觉得早恋是绝对不能鼓励的。

佟:接下来我们谈一谈美术表达。先请各位老师说一说,在平时的美术课里都为学生教授了哪些美术表现技法?

张:现在我刚刚接手初一,在之前教过一些表现技法的前提下,我现在让他们画写实的盆栽。首先,我让学生从只有几片大叶子的植物入手,这样难度会降低一些。虽然我觉得这样与教材有差别,也有不妥当的地方(与新课程标准的要求稍有出入),但是这样上课的效果真的很好。以前教初一的时候,我也是严格地按照教材来走,但是我发现那样的效果并不好。到了学期后期的时候,学生的技巧就跟不上进度了。这样下去,他们越来越不喜欢美术课了。

而现在按我这种"写生课"的方式来教授,学生越来越喜欢美术课了,效果也越来越好。至少,现在美术课上学生的态度都非常端正。即使我哪一天课太多太累,没有给学生讲授,只是让学生去画,学生们也是安安静静地画,绝对不会乱哄哄的。每次画完了,我就会当场给学生的作品打分。虽然我不可能一个学期都这样让学生画,但是我感觉在这样一种比较稳定的模式里,学生至少清清楚楚地了解了:每节美术课都像主科一样,也是要完成一幅作业才行的。而且,在这样的课程里,学生可以很好地锻炼他们的绘画基本功。我让初一年级的学生画盆栽,初二年级的画空间表达,要画建筑物室内、室外的环境,还要学透视。其实这都属于手绘线描的范畴,也算是紧扣教材的学习。这样,我需要认认真真地给学生们示范透视、线描等内容,学生们也会认认真真地学。

在刚开始上这样的课时,学生的态度也没有这么好。有的学生就是不画,而是在做其他科的作业。我的应对方法是:我不反对学生们用美术课来写作业,但是前提是你要先画完美术课的作业。所以学生慢慢地就养成了习惯——先画完美术作业,才做其他的作业。

事实上，好多学生40分钟都画不完一幅作品，反而需要下课后再继续画。

总之，学生在这样的课里变得越来越投入。我觉得这和我们自己作画、创作的感觉是一样的，我们平时在认真观察、创作时，也会非常地投入，根本就不会去讲话、走神。

陈：只要能带学生进入那种"绘画状态"，那老师就不用再操心，学生自然会继续下去。

张：对。尤其是有一次授课经历，让我记忆犹新。那一天我生病了，身体很不舒服。所以，那天我什么都没讲，就是把范画挂在黑板上让大家跟着画。没想到学生一点都不乱，非常自觉地就开始画画了，我那天感觉特别吃惊。当然，这并不是这个班第一次上这种课，之前已经上了好多次，学生已经熟悉这种课的模式了。之前上课的时候，我也已经多次强调了各种规则，所以学生只要依以前的规矩来就行。

虽然我自己清楚，后面的课不能再老是这样"自由发挥"，还是要回归教材，但是回归教材以后，备课的任务会变大，教学效果又不如这种方式。我的课又特别多，一周平均有二十五六节。所以，我觉得非常矛盾。

一开始我也不想这样上课，也想完全依照教材来上。但是，如果按教材走的话，需要教师讲授的东西太多了，对我来说是一个极大的负担。我们学校的情况也比较特殊，学生特别多，老师特别少。大约有6000多名学生，但是只有三位美术老师。而且另外两位老师只教高中，所以我这里教学任务非常繁重。

陈：对，他们学校的情况，我也多少知道一些。那两位美术老师都是老教师，所以相对来说，学校给他们分配的教学任务比较轻松，担子基本上都压在张老师身上了。所以他们学校的问题，还不全在教师过少，而是教学任务的分配不大平衡。

张：对，所以在得知了这学期的教学任务时，我也感到十分的惊讶，很难接受。

吴：教这么多课，有很多额外的课时费吗？

张：有是有，但是非常的少。一节课课时费是8块钱，如果超课时的话，一节课15块钱。可是每周的基本课时量就是14节，这个任务量已经非常大了。

李：你们还有课时费，我们根本就没有。

张：初一我就教了13个班，初二教了10个班。所以我单数周是23节课，双数周是13节。再加上每周还有两节兴趣课，这样算下来，我上课比较多的周有25节课，少的也有15节。每次到了25节课的那周就根本无法承受。

陈：这样的问题只有自己多去和学校领导沟通才可能解决。因为可能在学校领导看来，25节课还没有超出你能够承受的极限。只有你自己去和领导沟通，让他看看你的上课方式，再想一想以这样的工作量，一周25节课是否现实，才能使他了解你的困难。

张：对，从我接到这学期的课程表，得知一周上25节课时，我就知道我不能再按照以前那样正常的上课了。在每节课上都讲那么多东西的话，绝对撑不下来，一周可能就撑不下去了，必须想办法降低工作量。用了这样的方法之后上课的效果反而更好了，至少与以前相比，现在带的这一批初一的学生在纪律上已经有较大进步了。他们都会非常自觉地带齐绘画材料，也非常清楚，美术课不是一门供他们胡闹的课，也是一门非常正式的科目，需要认认真真地学习、做作业、交作业。

而且我还把学生的分都打得较高。学生可能自己觉得自己画得不够好，甚至还担心自己不及格，但是一看到自己的成绩都是90以上，也会觉得意外的惊喜。其实从我的角度看来，这门课的及格分就是90分。

吴：其实我觉得也是，只要学生把该表现的东西都表现出来了，这就非常好，可以得到很高的分数。

张：对呀，现在学生已经非常喜欢画，因为他们很有自信。

陈：我觉得分数这种东西本来就是一个相对的。我见过一位语文老师，为学生打分的时候是打400分、600分和800分，书法老师打分的时候更是1000、2000分。学生们看到在语文老师那里，我只能得到80分；而在美术老师这里，我却能得到800分，他们肯定更喜欢美术老师了。这个感觉太爽了（所有老师笑），我觉得以后凡是当学生对100分的满分制已经开始麻木了，这时就可以用这样的方式来给他们一些新的刺激。当我第一次看到有老师这样打分的时候我就想以后，我也要这样尝试一下。

李：但是这个分数还是一个相对的东西，还是有高分和低分差别的。

陈：但是，如果一个学生能够得到400分，虽然比别的同学低，但是也比其他科目得到的要多得多，所以他们还是高兴的。因为在这种时候，他们会有一种错觉，就是400分真的很多。

吴、花：对，和其他学科比400分还是很多嘛。

张：而且我觉得学生是能够找到自信的，因为我觉得最重要的自信是来源于他们在这张画上付出的努力，所以只要得到的分数本身不让他们失望，那么这张画就会给他们带来足够的自信了。

花：我觉得美术课本身确实是有自己的优势，比如画画的时候，一张画完很快就会有成就感体现出来。这不像英语，语文，数学那些主课，学了很久之后可能都看不到自己的进步，也就体会不到什么成就感。不仅这样，万一考试没考好，还会极大地打击他们的自信心。至于在美术课，只要把自己创作的作品拿出来，别的学生就会有表扬或者是一些其他的评价，这些都是能够给学生带来成就感的。

张：尤其是那些画画水平比较高的同学，对一个班级的绘画氛围也会有很好的影响。

陈：今天陶旭泉老师在讲有关评价的问题的时候，我就想到了以前看到的一篇文章。里面写到为什么游戏都是不会违背人性的。为什么现在有很多网游都非常火？其中有一点是因为他们及时地给学生（玩家）评价。打一个敌人就可以得200分，再打一个又可以得到很多钱。特点就是成就感来得及时、准确、充足。所以我觉得无论在哪一个学科，教师只要能够学到这一点，及时地反馈学生，给他们成就感，那么就能使这门学科抓住学生的心。

我觉得如果有一天美术也能够做到学生每画一笔给他2分,再画一笔给3分的评价方式,学生可能会更喜欢这门课程。还有就是做一些作业展,比如说给学生做个人的画展,再比如一个年级里面有几位同学动漫都画得非常好,我们把他召集起来,做一个本年级的动漫展。就像很多专业的画家做一个个展或者是流派的展览一样,把十个人的头像、简介放在一起,这种形式肯定能引起学生巨大的兴趣,甚至造成轰动效应。

如果有了这样的形式,那么让学生写一个自己在漫画之路上的百字简介,并在展览中进行展示,展览完成之后这几位学生的成就感肯定就非常强烈了。而其他看展的同学,也会在这里体会到:原来画漫画也可以取得这样大的成就。那么我自己的一些关于美术的(甚至是与美术无关的)特长是不是也能引起这样的轰动呢?

从美术学科的角度来讲,如果想让更多的同学体会成就感,我觉得就应该举办作业展,在全年级里每个班选出10幅或以上的比较优秀的作业入展。如果每个班都选10幅的话,那么所有学生都会产生这样一种感觉:只要我再努力一些去画,我的作品就也能够入展了。如果作品选得太少,学生们都会觉得自己没机会了。所以,选择的数量要尽量多。

吴:对,这样可以提高学生的积极性嘛。

陈:这样的习作展,我们学校每学期都会搞两次。布展的时候一定要记得给每位学生的作品贴上标签,写上学生的姓名等信息。这是学生少有的露脸的机会,对他们来说是非常珍贵的。这样的话,不仅仅是他们自己班的人,全年级甚至全校的师生都可以知道某一张画是某一位同学画的。

吴:这样的展览,我们学校每学期也都会做,不仅要做展览还要请学生来为作品投票。每位学生都拿一张纸片,看到了自己最喜欢的作品,就把他的编号记下来。最后再把得票的结果公示出来。

陈:对,我们学校也这样做过,叫作"大众评委"。

刘:嗯,很有道理,应该举办。

张:我还有一点疑问,希望各位老师给我一些建议。用昨天陶旭泉老师讲课的话来说,我平时给学生打分的方式是非常粗鲁的,只是给一个分数而已。

吴:我觉得打分本身是不粗鲁的,只是需要一些改进。

陈:对,打分还是可以的,只要稍加变化就可以。打分的时候,可以按照学生的分数分成不同的等级。比如说得A+的作业放在一起,得其他分数的放在一起。得A+同学的作业,上课的时候由我亲自发下去,其他等级的作品就在课前让课代表分发下去。

有的时候我也会让得A+的同学站在讲台上站成一排,让大家看看。这样的一种展示的机会,对学生来说是非常难得的。否则,知道这个学生的绘画作品得高分的,只有老师和他(她)本人而已。要让全班都知道,学生才能满意。而且让这几位同学展示的时候,他们自己和下面看的同学也会做一些比较、评价。

张:但是从我的经验来看,只要我给学生打了100分,或者是比较高的分数,他们都会激动得很，不用我帮他们展示，他们自己就会拿下去给别的同学看。

吴：我们这里打分的时候，就是"优""良""中""差"，再加上"＋""－"。其实除了打分之外，我觉得写评语也是非常好的方法，至少可以让学生知道自己这张画好在哪里，缺点和需要进步的地方在哪里。

如果没有这个时间的话，我会每隔一个月的时间，拿出一节课来为学生分析作品。把优秀作品和需要进步的作品都贴在黑板上，然后让学生自己评价，学生都能够一目了然，也能够比较准确地说出作品的优劣之处。另外一个方面，我也会把学生每次交作业的情况做一个记录。一个学期下来，按照学生交作业的数量打分。比如这一学期，每位同学都应该交7幅作业，如果哪一位同学只交了6幅或者更少，那么我就会相应地给这位同学减分。这7幅作品加起来的分数是80分，最后的期末考试只占20分，这样做学生就会更加重视平时的努力。

张、陈、刘、赵：这个我们都没有做，而且也要看你教了多少个班，如果教的学生太多，可能就没有精力这样做了吧？

吴：即使教的班很多也没有关系，我也会找一些学生来帮忙，把做分数表等整理工作交给课代表来做。这样教师的工作量就在可以承受的范围之内。

张：如果这样做的话，恐怕我的办公桌要全部堆满作业了。

李：我们这里还有另外一个情况，我们美术老师除了批改美术作业，还要批改其他，比如历史政治课的作业。因为除了美术老师之外，我还另外兼了一个班主任的职务。

陈：即使教的班很多办公桌坐不下，也可以想其他的办法，比如说老师在要求学生交作业的时候错开时间。比如周一上完了一节课，老师就应该要求课代表周三的时候把作业交到办公室，周五过来抱走。只有这样，每个班错开高峰期，才能够同时收多个班的作业。只要这样把时间安排好，办公桌上就不会堆起十几个班的作业。

张：我对学生还有一个特别的要求：就是让他们用本来作画，不要撕下来。这样一学期下来，作业就像一本画册一样可以有前后的比较。出于这样的考虑，我多次强调，让学生不要使用单张的纸来作画。

吴：我允许学生用单张的纸作画，但是到学期末的时候我会把学生的作业都收集好，排序然后装订起来。

陈：但是这样做的话，学生只能一学期获得一次评价。而用单张纸的时候，每节课都会有一次评价。

张：不会的，每节课还是会单独地打分。只是这样做，让一学期交作业的数量更加明显，更有利于最后的评价。学生用单张纸作画的话，到学期末，很多作业就都找不到了。

陈：可以每次作业都登记成绩。

张：那样工作量又太大了。

陈：可以让课代表来做这个工作。

吴：对，让课代表按顺序把成绩登在表格上。

李：班级还有名单册吗？

陈、吴、张：当然有了。

李：我们那里没有名单。

陈：期末考试不是都有一张表格的吗？

李：我们期末考试的成绩只有一张电子表格。

陈：可以把那个电子表格打印出来。

吴：开学第一天的时候，学校不是会把每个班的名单都按姓名、学号、性别整理出来吗？然后班主任会给每位任课教师发一份这样的名单。

李、刘：没有。

张：问题在于，学校里根本不重视美术课的成绩，即使我把学生的成绩都统计出来了，又有什么意义呢？

陈：那你就自己留着，谁要就给他一份。（大家笑）

吴：各科成绩不是要全都要抄到期末最终整体的表格上吗？

张、李、赵、刘：没有，只有主科成绩才会写到成绩单上。

张：正是因为不用写在期末成绩单上，所以我以前从来没有向学生统计过成绩，现在忽然要统计学生会不会不接受？如果不统计的话，对学生来说也不公平，因为有的学生作业交得多，质量又比较好，还有些学生只有寥寥数张，甚至还会有很多应付之作。但是统计的话，我们学校又没有把美术成绩纳入期末考试成绩单的传统，其实统计了也没有意义。

陈：你有没有仔细看过期末考试的成绩单上其实是有美术课这一栏的。

张：有是有，但是一般都不填。

陈：明明有美术课的成绩，班主任不填、学生不在乎、家长也不追究，我觉得这不只是一个环节出了问题。

吴：上海用的不是成绩单，是成长手册。

赵：我们学校有些班的班主任是让学生自己来填美术课的成绩，觉得自己成绩好的就填A，觉得自己成绩比较差就填C。

张：对，我也觉得这样很正常啊。

吴：这怎么行呢，必须由任课老师来填。

花：教师的评语，怎么可能让学生来填，这是绝对不允许的。

张：问题是这种现象的存在很普遍。

花：那你应该去找那些班主任说清楚。

陈：你说可能还不合适，还是让班里的学生去说。

赵：其实，有很多学生虽然文化（课）的成绩较差，但是在美术上还是很努力的。然而对班主任来说，他们的成绩全部都是C。

陈、吴、张：对！

陈：这种情况，就应该鼓励学生去和班主任抗议啊。

吴：我们学校的成长手册，是先由教师写评语，然后再让学生自评自己这一学期本门课的表现如何，最后再由家长填写。

李、赵、刘、陈：我们学校都是由班主任来写的。

张：对，我觉得如果学校能够在评价方式上再重视一些，美术课会更好。

陈：学校是否重视美术课，与家长也有很大的关系，如果家长都普遍反映需要看美术课的成绩，学校也会做出相应的改变。

吴：我觉得还是有很多家长比较重视美术课的。

李：这一点就有地区差异了。在我读书的时候，我们初中就已经有艺体班了。

刘：我们那里倒从来没有让美术老师来为学生写过评语。但是到期末考试的时候，美术老师需要专门出一套题，分为理论和实践两个部分，像其他学科一样进行正式的笔试。这样做的结果是，学生会特别看重最后一次考试，因为这一次考试的成绩会写到成绩单上。包括学生对教师的考评也是从最后一次考试成绩而来。这样的评价方式给我的感觉太单一了。所以我们现在才强调要弱化这种评价方式。

陈：重视平时的成绩，把每次的成绩都记录下来，能让学生体会到过程比结果更重要。我会把优秀的作业都保留下来，每一份都会给学生加分。

刘：你刚才说到只有优秀的作业，才会被留下来，那么那些不太优秀的作业呢？

陈：当然要发还给学生了，毕竟老师也要尊重每一份作业嘛。

赵：这样来说，学生一学期一般需要画几张作业呢？也经常会有一幅作业一节课画不完，需要下节课继续来画的情况吧？

陈：按照正常的情况，初中生每周上一次课，一个学期下来，大概要交十张作业。

赵：还会有手工作业吗？

陈：手工课就比较少了。

李：手工课，几乎没有上过。比如初中课本里有一节课是中国龙，要制作一条手工的龙。就是因为学校里没材料，也不允许学生携带小刀和剪刀等必需的工具。无奈之下，我只好把这节课变成了绘画课，既然不能做，我们就画一条龙吧。

赵：对，对，这种情况也很常见。

花：你们没有给学生配材料箱吗？每个学校50套啊。

赵、李：没有，根本没有。

陈：这个时候情况就反过来了，县区里的学校有材料箱，是因为国家明令要求配置，对城市里的学校反而没有这个要求。我们普遍认为城市里的学校在经济条件上要优于县城里的学校，所以就没有为它配备，只能要求学生买。

赵、李：没有没有，怎么能让学生买，这是不允许的。

刘：对，我们这里也是，让学生自己买材料。但是在这次做中国龙的时候，有的学生带来纸杯，有的学生带来秸秆，也有很多学生带来胡萝卜。那些带胡萝卜的学生，上课的表现就非常可笑了：除了胡萝卜之外，小刀、剪刀、牙签等基本工具他们都没有携带，课堂上加工胡萝卜的方法，只能是啃。（大家笑）有些学生就直接

把胡萝卜吃掉了。（大家笑）

李：我真的非常想给学生上手工课，但是当我第一次想要给学生上手工课的时候，学生却告诉我他们不能带小刀、剪刀……

花：我也要让学生在手工课上做条龙。所以我要求学生在准备的这一周里，找一找需要准备的材料。我提前在课件里为他们展示了一些做好的龙，让学生自己看一看做一条龙可以用哪些材料。比如说有矿泉水瓶、牛奶盒、饮料瓶、易拉罐等。

我先让学生们看一看课本上为我们介绍的五种制作龙的方法，再加上ppt上作品的启发，如果学生们对哪一种制作方法特别感兴趣，就请他们在课前的这些时间里把材料准备充足。作品完成后，12月份我们还会有一个作品展，制作好的同学可以参加展览。我尤其会强调，作品做得越大越好，做得非常小反而不适合参加展览。

因为课本上和我展示的作品中，都会有"竹签、铁丝"等比较锋利的材料，所以，我也专门强调这些锋利物品一律不许使用。

李、赵：我们学校里连小刀也不能带。学校还是非常害怕担责任的。

李：有一次我在上课的时候要求学生们带一些石头来，因为我觉得其他材料可能因为危险而禁止携带，但是石头总是便于寻找又比较安全的材料了吧？结果，下课的时候，我偶然和其他的任课老师交流了我要上课的想法，他们都纷纷说："你的胆子好大，竟然敢让学生带石头，万一学生砸伤了，还不是要你来负责任？"自从经历过这件事情，我再也不让学生带材料来上美术课了。

吴：这就是想得太多了，我们在上课的时候首先和学生强调的就是安全问题。只要安全的规则建立起来，美术课就是可以上的。

李：上是可以上，但是很多意外是难免的。

吴：我觉得意外是难免的，如果老师都害怕意外的话，那么哪一个学科都没法正常地上课了。我之前就给我们学校的学生上了四节剪纸课，每位学生都要带剪刀来。只要安全规则得当的话，其实是不会出任何问题的。

花：我还有一个案例，就是《文化衫的制作》一课，我完全脱离课本。整节课主要有两条主线：一条是美术本体，另外一条是感情。在这节课上，我除了讲述文化衫的历史来源和制作方法之外，又把亲子装的概念带入课中，让学生同时感受亲情。当然，学生也可以为自己的班级和学校设计班服和校服。在课堂上，我还展示了很多由我亲手制作的示范作品。在展示我的示范作品时，我还说我人生最大的遗憾，就是从来没有给父亲买过一件衣服，这时ppt上展示一句话："子欲养而亲不待。"

普通的文化衫在一节课中要用正常的衬衫来做，而我这节课要求学生用纸做材料，只要剪出衬衫的形状，在上面绘画就可以了。这节课我是向学校申请经费准备做一个全校级别的展览的。在上课之前我做了一个整体的计划和经费预算，提前给领导审批。因为领导认为这节课的操作性强，费用低，所以都比较感兴趣，就提前就把素描纸、颜料等材料费发给了我。这样上课让学生感觉非常有趣，而且让全校学生一起做同样一件作品，最后展览出来的视觉效果非常震撼！

吴：我同意花老师的这种做法，课堂是需要拓展的。不知道各位老师有没有见过上海的美术教材，这套教材特别简单，有的课只有一个标题。这给美术老师留下了巨大的空间，但是也增加了很多工作量。每节课我们都要查阅大量的资料，挖掘课题背后的内容，并且找到自己和学生的兴趣点，才能上好这节课。

学生的兴趣是千差万别的，同样都是上点线面一课，有的学生可能喜欢用水粉来表现，而有的学生却喜欢用线条来表现。找到了不同学生的兴趣点和表现方式，一节课的备课就基本完成了。

陈：从刚才两位老师的发言来看，我觉得每一位美术老师都必须具备两种能力。第一是"上层活动能力"，每位美术老师都先要有能力去和校长等领导进行沟通，让他们赞同你的做法。不能毫无道理地找领导要钱，要先让学生做出作品，然后才能申请经费。第二是"下层活动能力"，美术老师要有能力调动学生对美术课的兴趣。一旦成功的话，不要说五块的材料费，五十块、五百块，学生都会非常乐意。

吴：这就是我们学校一直和老师强调的，有为才有位！为什么有些美术老师觉得自己在学校里的地位特别低？很可能因为他从来不做事情。

陈：所以美术老师不要没事就和领导强调自己的课有多么重要，那是没有用的。

吴：在别的老师看来，你已经很舒服了，每天只是喝茶养生。但是有的美术老师就完全不同，他们在学校里非常活跃，几乎学校里所有的重大活动都能看到他的身影。这样学校领导自然就会对其越来越重视。

如果一位美术老师能够把本学校的美术活动做得非常红火，让市教育局等的领导一想到这所学校就首先想到他的美术活动，那么校领导也就不得不重视美术了。以我们学校为例，为什么校领导每年都要给美术科目投那么多资金？这是因为他们能够看到回报。只要有教育单位来我们学校视察和检查，首先都会要求看美术的成绩。比如上次上海举办了一个民间艺术展览活动，最后就是有我们学校学生参加的。教育局主动和我们学校的校长联系："你们学校的美术平时做得那么有特色，那么就由你们学校派学生参加吧。"这也是对我们学校美术工作的一种肯定。

佴：这就叫用视觉征服领导。

陈：没错，每次看到校领导的时候都应该对他笑，给他留下一个好的印象，一天见了校长都向他诉苦，对美术学科有什么好处呢？

吴：有的美术老师不仅不与领导沟通，还经常和领导吵架。

佴：接下来再谈一谈文化理解、审美判断与创意实践。

陈：文化理解是给我们上课的侯令老师比较提倡的（一种核心素养）。我觉得它很可能也是美术教育以后的发展趋势。我个人对这一点非常感兴趣。由于我对自己的绘画技法没有什么自信，再加上想要在学校里开展各种绘画活动，缺乏绘画材料与工具也是一个很大的障碍，综合以上所有原因，我觉得欣赏课是一个比较好的解决方案。相对来说，它更不依赖物质，只要在某一个美术的话题上，教师与学生有的说有的聊，这个课就可以上好。

而说起创意实践这个话题，我以前在美术课上与美术课下都很少接触到现代艺术。参观了798之后，我恰恰觉得当代艺术是创造力的一个非常好的载体。在欣赏完了古人的绘画作品之后，学生是很难理解到创造力的。因为古代很多艺术作品最卓越的成就都并非来源于创造力，而是技法等其他因素。所以要让学生真正地体会创造力的意义与表现方法，我们就应该在美术课上更多地引入当代艺术。

吴：我觉得当代艺术会发展得如此兴旺，其原因就是它符合了当代年轻人的审美要求和价值观。不可否认，当代艺术作品确实有非常强的（感官）冲击力，因为在这个社会上，无论是在微信还是在其他的传播平台里，青年人都秉持着这样一种观念——没有冲击力的作品，是无法吸引别人注意力的。比如现在在微信平台上发表一篇纯文字的作品，会有人看吗？所有的微信文章都必须配上美观的图片。此外，如果一件作品，就像平常开会那样，每个人都坐得整整齐齐，这样的作品能吸引人的眼球吗？不可能。重在作品，一定要有个性，和别人不一样，才会有人看。

陈：但是我觉得强调文化理解，也会特别容易让美术课跑题，比如把美术课上成语文课。

吴：对，我也有同感，欣赏课非常难上。

李：我也觉得，欣赏课最难处理的就是这一点。

陈：我在听完侯令老师的课后，对这个问题的最深的理解体会就是一定要结合图示去欣赏，要把看画的心理感受与视觉结合起来。不管是从构图、色彩，还是光影，都可以，这样才能保证美术课永远是美术课。

但是在美术课上要讲到文化相关的其他知识点时，我觉得跑题可能性仍然比较大。

张：让欣赏心理与美术结合起来，我们在课上就要给学生讲非常多的背景知识。问题是讲解了这么多的背景知识，美术课就更像语文和历史课了。

刘：说到讲授过多，你有没有遇到过这种情况：在讲到创作表现课的时候，由于前半节课教师讲授的内容过多，而导致学生制作的时间过少。有的时候，学生甚至只有不足，15分钟的时间来创作。

张、吴、李：上课当然不能讲得太多。

吴：如果时间实在不够的话就要一节课分成两节课上。

陈：我也是这样，除非是单纯的欣赏课，一节是可以完成的，凡是动手课，一般都要两节或三节课连上。

吴：我觉得在看待这个问题的时候不能太急功近利，意思是，一个学期不一定非得把一本教材上完。归根到底，我们关注的应该是学生的收获，虽然主题一直在变，但是学生能够收获到的东西是大同小异的。我们少上几个主题，能保证学生掌握了前面几节课里需要学生掌握的技法、知识。所以，我觉得学透、学精是很重要的。

花：对，有很多课程所用的媒材其实完全是一样的，只不过换了个主题而已。

陈：类似这样的问题，我觉得都可以通过灵活的调整来化解。对我来说，困惑有以下几个。第一是时间（课时）。正常来说一个课时是45分钟，但是这对我来说太短了。无论想和学生讲什么样的一个话题，时间都有可能不够，这时候只能中间中断，下节课再接着讲。针对这个问题，我觉得两节连上，是一个比较好的解决方法。

吴：所以，我们那边有几所学校都是二节连上的。

陈：第二个难题就是场地，校领导可能更愿意给美术老师拨一些经费，但是却很难专门给美术课准备一间教室。

刘：对，我们学校现在其实是有空闲教室的，但却都没有利用起来。

张：我们学校也有空教室，也是在闲置。

陈：干嘛不用呢？

张：这些教室里面除了桌椅板凳，什么都没有。

陈：那就可以用了。

吴：我觉得，可以先在里面上一个学期的课。一个学期里会使用各种媒材，学期结束的时候，教室里也就什么都不缺了。

张：我觉得剪刀等工具还是必需的。

吴：那些东西可以慢慢添置。只要先把"阵地"占领了，东西都会慢慢有的。把学生作业都贴在墙上，过一两年，这里就成为非常有美术氛围的专用教室了。

陈：也可以让学生自己买呀。

刘：你们的美术专用教室干净吗？

吴：当然干净了。

刘：学生进入美术教室不会乱写乱画，甚至把桌子弄坏吗？

张：可以让学生只坐专用的桌子，每张桌子上都可以贴好使用者的姓名。

陈：对，学生损坏桌椅了，当然要把名字记下，然后让班主任做出相应的惩罚，并要求赔偿了。

张：他们上课之后，教室不会很脏乱吗？

吴：当然会很脏了，要求学生打扫就行了。

陈：这就是教学管理的问题了，不是美术课的问题。

李：我们学校有一间美术教室，我之前就想把全校的美术课都放在那里上，但是学校管理后勤的老师告诉我，有些班级人太多，那个教室根本坐不下。有的班里有50多位同学，但是那个教室里只能放下30个画架。这些还不是主要问题，关键是那个教室里放置了很多后勤的杂物，已经成为一间杂物室。所以虽然我很想用那间美术教室，学生们也都非常渴望，他们也都想体验一下在画室里画画的感觉，但是还是没能实现。

陈：其实我倒觉得在教室里，或是在画室里画画的感觉都是一样的。第一个区别是画室的墙面，我可以按照自己的需求来装饰，使其更有画室的感觉。第二个区别是，如果在教室里画画，就需要把学生桌面上的书整理干净，这是非常麻烦的。我觉得只要能把这两个问题解决掉，在教室里画画，我也是可以接受的。

吴：你们学校的教室后面没有柜子吗？

李：柜子是有的。

吴：我们学校的美术教室后面是有专门的展示柜。

李：这就没有了。

张：我们学校倒是整理过几次美术专用教室，但那种情况都是用来应付检查的。现在又搬到一个没有多媒体的教室里，这还怎么上课呢？

李：应付检查就不行了，那要求教室里面干干净净的，完全不能使用。

陈：没有多媒体也可以上课啊。

李：你可以在多媒体教室里上欣赏课，有需要画画的课，再去美术专用教室。

花：我觉得无论怎样都要把东西准备充分。我们一要把课上好，二要考虑怎样把教学成果展示给领导。只有领导认同我们，接下来的工作才好做。我们工作的是事业单位，这个情况已经好得多了。想一想，如果我们在企业里的话，我们做的工作领导没有看到，他怎么可能给你发工资呢？

刘：对，这句话我十分赞同！

陈：这属于越级展示了。

吴：没错，但是有的时候，你把问题反映给美术组组长是起不到任何作用的。

李：而且在你们学校，美术组的组长可能是美术老师，但是我们学校的组长是一个物理老师。

刘：我们学校的美术组长是生物老师。

吴：那把问题反映给他们肯定更没用了，还不如直接跟校长讲。

李：就算跟校长说了，他也只会让你去找专管的老师。

张：在我们学校，我说一百句话都抵不上李老师说一句话，因为李老师确实工作做得非常好，为学校争取了很多荣誉。

陈：如果用一种不好的方法来达到提高美术学科的目的，这样可以吗？比如说再有学生作品比赛的时候，我帮助学生，甚至是伪造学生的作品去参赛，这样做的话，校长肯定是默认甚至支持的。但是这样做，心里会非常不安。因为在学校领导的眼里，平时的美术课上成什么样子是无所谓的，最关键的是能不能拿回大奖给学校争取荣誉。

吴：你们为什么这么重视拿奖？

李：因为这对老师太重要了，如果不拿奖的话，我平时哪里能见得到校长。

张、赵、刘：对，确实是很重要的。

花：另外一个原因，就是我们晋级职称也是要有奖项的。

陈：不仅是我们需要，校长也特别需要啊。

李、张：我们也很需要。

刘：校长是需要这些东西来证明自己学校的教育成果的。

张：事实上我们学校这个学期已经出现了这样的情况。因为有一个展览，所以所有的美术老师都要求学生交作品。其中就有一位书法老师说："我们的学生作品都拿不出手。" 艺体处的负责人就说："谁让你拿学生的作品了，这种展览就是要看老师的作品，加上学生的名字就可以了。"

（众人都抢着说话，声音混乱，无法分辨）花：问题是学生根本就没那个水平啊。

陈：这种情况真的非常严重。

张：都是这样的。

吴：我们这里的比赛都是要让学生画的，一等奖还要求学生当场去参加面试。

李：哇，这也太夸张了。（问张老师）你们那里有这样做的吗？

张：没有。

陈：看很多比赛作品的时候，我觉得这样的作品让我画都有些困难，至少需要一两个月。但是，大家都默认了这种现象，心照不宣了。凡是这样的比赛，就是在拼老师的水平。每位老师都在这样的比赛中不断仿制作品，而且还都是以"儿童画"的形式。最后，比赛变成了"看哪位老师的创作更像儿童画"。如果要分辨真假的话，小学生有可能还能分辨出是老师代画，还是由学生亲笔画的。而到了高中阶段，怎么分辨呢？高中生的作品本来就已经接近成人的作品了。可能除了改成"现场画"，是没别的办法的。

吴：我们那里就是这样啊，三个小时，让学生都带上工具，真的是这样子的。

陈：三个小时时间有些短，如果要表现那些大型作品的话，就有些困难了。可能还得模仿古时候的科举考试，每人带着灯笼搜完身之后进入考场，在里面一待就是两天。（笑）

吴：我们学校所在的区，马上就要办艺术节，里面包括漫画和工艺两个模块，所有的作品都要现场创作现场评分。

赵：我们泸州有一次艺术节不是也要求学生在现场作画吗？

李、赵、张：那个不是，那个是艺术人才大赛。现在高考不加分了，所以就取消了。

吴：这种活动在我们那里高考也不加分啊，但是每年都要搞。

李：我们这里不一样，就是因为高考要加分，所以才要办。

陈：每次比赛的时候，我们外国语学校都是考点，每位老师都要在那里做工作人员，所以我了解到这样一些情况：

第一，由于这样的比赛是现场作画，所以很多学生的创作出来的作品效果非常糟糕，整个比赛的档次（质量）就会掉下去了。这样，想要出画册等来证明和展示活动结果就不大可能了。

第二，要把这样一个活动做好，是有很多细节的。比如说，这样的比赛每年都出一些类似的题目，比如：孕，春等，很容易让人摸出套路来。这样的题目太宽泛了，可以说学生画任何作品都可以，所以学生完全可以提前背下一幅作品。因为这样的比赛从来不会出特别局限的题，比如为李白的诗《静夜思》做一幅插画，所以这样的活动虽然是现场作画，但是只要参加过几次，就会有应对的方法了。

第三，我感觉参加这类比赛的学生里面，如果平时画过漫画，在创造场景的时候就会简单一些；喜欢画其他画种的同学，由于没有经受过类似的训练，还真的会遇到不少困难。比如说，一些常画版画的学生，他们平时从来没有针对某一个主题来创作过，而是仅仅学会了技法。在这种情况下，如果去参加比赛，自然就没有优势了。

陈：说到"审美判断"，虽然听起来最偏，但却是美术最核心的东西。

李：对，绝对算是美术最核心的东西。

张：我有一个案例，就是我在讲《敦煌莫高窟》一课的时候，就有意识地和学生讲，中国在魏晋时期的时候就是以瘦为美，而到了唐代的时候又以胖为美。而西方人在绘画中也体现出了在很长一段时间里，他们也是以胖为美。所以每一个时代的审美观念都是不一样的，作为一名中学生，除了爱美之外，还应该有健康的身体。

陈：我觉得这样和学生说，是没有说服力的。在学生故意搞怪的时候，比如说到性的问题时，我们干脆让学生把这个问题摆在桌面上来说，和学生玩一个尴尬游戏（假设）："如果有一位女生在跳广播操的时候，她的卫生巾掉下来，你觉得这时候怎么做是最合适最得体的？"

这个问题对男生尤其困难。问题虽然很尴尬，但是只要有一个同学尝试回答，尴尬就解除了。有的同学就会说："帮她捡起来扔了。"也有的同学说："捡起来还给她。"或者说："捡起来放在自己的口袋里。"各种说法都有。当男生说完之后，我会再让女生来说，她们希望见到的解决方式是什么。尤其是说一说，刚才男生的那些解决方案中，哪一种她们是能接受的。这样的问题虽然难堪，但是摆出来说一说，能更好地让学生理解什么是"行为美"。聊这样的话题，对学生来说也是很刺激的。

吴：有的时候，我们做老师的，需要和学生去做朋友。这样，他们会把班里所有的情况都告诉你。

张、刘：对，对，对。

吴：甚至包括谈恋爱、哪位同学干什么坏事了，都会说的。

陈：说到这里，我又想起来我辅导画画的那个女同学，她跟我讲得最多的两个问题，第一就是同学之间的情感状况，第二就是他们对老师的各种评价。只有在这种时候我们才能真正地了解学生眼里的老师是怎样的形象。

吴：我们的学生就会专门记录每位老师的"口头禅""语录"。在他们聚会、聊天的时候，还会学一学某位老师，再加上那个老师常做的动作，扮演老师成了他们平时取乐的节目。

李：我们以前上学的时候，也会这样啊，所以很能理解学生的做法。

花：也有学生会在老师上课的时候专门在下面记录，比如每节课出现语病的次数。

张：我这里还有一个问题，我们一周才一节美术课，一学期一个班一共才十几节美术课，突然提出了五种核心素养，怎么才能完成呢？

陈：这五种核心素养是综合的呀。

吴：我觉得，比如"图像识读"这个素养，这不是一节课里就能解决的，可能是经过一学期或多个学期，才能让学生形成的。

张：对，这些情况我都知道，但是我仍然觉得这么多素养很难实现。比如说我在给初二学生上课的时候，他们经常是"间周一节"美术课，一个学期下来，没多少时间，美术课能培养出什么素养呢？

李、陈：对，这也是我们痛苦的地方。

陈：我们也经常面临这种情况，学校会私自把美术课取消掉，从我个人角度来看，我从来没有见过一周上两节美术课的情况，所以一周一节就是一个常态，但是在我们学校连这个常态都无法保证。

吴：我们那里就是一周两节。

陈：这我都没有奢望过。

李：我也是头一回听说"间周一节"这种说法。

陈：我就经常在教师群里说：我们不能让城市的孩子享受乡村待遇。孩子们到了城市的学校，除了文化课抓得比乡村学校更紧一些以外，在艺术课程上没有任何区别，这怎么合理呢？我在群里说了这样的话，呼吁初二美术课不要停，大家也觉得你只不过是喜欢做出头鸟而已，这对学校美术课的现状是没有任何好处的。

李：我们学校也都是"间周一节"。初三没有美术课，只有音乐课。

张：是的，我们学校也是这样，连高一也都是"间周"的。

吴：你们市教育局不检查吗？

陈：检查也不会管这些。尤其是，如果哪所学校能通过减少一半美术课，让全校中考成绩更好，那教育局还是很高兴的。只要保证了文化课的成绩，美术课不上也是可以的。还有，我们那里很多学校的美术常规课其实都是敷衍了事。但是这不是重点，只要拿到大奖，这都不是问题。

张：市教育局可能就会说一句"要把美术老师配备好"，仅此而已。

吴：我们教研员来学校里听课，都是要听"常规课"。

佟：浙江那里应对"领导不重视美术课"的解决方式是"自己当校长"。

陈：美术老师也很少能当上校长。以前我遇到的一位校长就跟我说："要想当校长，至少得了解所有课程的模式，在以后听语文课、物理课的时候你要清楚，他们上的是好还是坏。"想把一个学校管理好是需要很多综合素质的。如果没有这个能力的话，可能你最多当一个副校长，分管德育和美育。

花：你说的这个应该属于业务校长，我们那里的校长已经不管这么多具体的事情了。校长除了安排学校的整体任务之外，最主要的工作是和主管学校的部门做好沟通。

吴：就像培养一种技能一样，形成一种素养也不是一节课就能完成的事情。这都需要长期的坚持。所以，教案里写的本节课培养了某种技能，培养了某种素养，那都是不可能实现的。其实在一节课里，学生能学到的东西是非常有限的。

陈：关于这个问题我倒是有一个想法。我觉得以前最能提高我的教学能力的方法，就是去看其他优秀的教师讲课。比如，很多我觉得难以理解的东西，只有看了别的老师怎么上，才能够直观地感受到其真正的意义。比如说，看了徐军老师的《书籍装帧》与《四合院》两节课，自然就能理解什么叫"深挖"，什么叫作"知识的层次"。

当然，也有很多课对课程标准的理解是失之偏颇的，比如有些课的老师只是拿来了不同地方的特产，或是晒一晒自己本地的文化，就认为是完成了课程目标。这对我们提高教学能力都是没有实质作用的。

不过整体来说，课标里的语言比较难懂，看一节真实的课则要直观得多。所以我觉得，要让大家更好地理解课标，应该用示范课的形式。

吴：应该叫"送示范课下基层"。（大家笑）

陈：我觉得那种需要很多人、很多道具的示范课，对一线老师来说，是不可能在常规课里实现的。我们真正想看的是那种在一个星期里面就能够备好，但是又很好地做到了"深挖"、很好地实现了核心素养的课。要让我们理解课标，就必须要让我们看到这样的课。从最开始的直接模仿，到透彻理解，最后才能够自己创新。最好是在教材里直接附上这样的优质课，而不是配那些ppt。很多老师拿了ppt会直接使用，给自己省事，但是如果看了优质课，就完全可以自己来制作。问题在于，用教材里所附的ppt，并不一定能把课上好。而看了一节对课题把握到位的录像，却对一个老师理解这个课题有很大的帮助。

吴：我们上海的教材就是做示范课，而不是附ppt的，很多老师看完了之后就可以跟着上，极大地提高了教学质量。这才是真正的专家引领。

李：以前我在培训学校里面学习过，所以直到现在我还保留着这个习惯。就是每学期的第一节课并不是上真正的美术课，而是首先和学生们聊天，让他们了解什么是美术。我觉得这是一个很好的方法，能够让学生从宏观角度理解美术，了解很多很多东西。这就是模仿来的。

陈：对，其实教材附ppt只是给"懒人"提供了方便——随便改改，甚至原封不动地在课堂上播放这些ppt，就算把课讲完了。这对提高教学质量起不到任何作用。

花：我觉得制作课件是一个非常锻炼人的过程。因为我是美术老师，所以我经常为我们学校的各科老师设计课件。比如说我为生物老师设计课件，做好了课件以后，可能这位生物老师还是不会讲，但是我已经会了。做完这个课件，相当于我已经把这节课备了很多遍。我参加的大量培训几乎都把ppt制作技能列为美术教师所有必需技能中最关键的一项。如果连一个ppt都做不好，页面的颜色搭配都做不好，还怎么做好美术老师呢？美术教师都是专门学过色彩搭配的啊。

陈：至少，自己做课件，教师需要考虑："如何才能把课件做得好看？"作为一名美术教师，不可能对课件美观度的要求像其他学科老师那么低。此外，制作ppt其实也是很简单的。对任何一位老师来说，在网上打扑克、打麻将的软件，不也就是用几遍就学会了。（笑）

附录3 国家教师培训课程标准研制调查问卷·美术学科

亲爱的美术老师，您好！为了更好地开展教育部"国家教师教育课程标准研制——义务教育美术学科"工作，以便为大家提供更加优质、有效的培训，我们特开展本次问卷调查，希望能得到您的真实想法与宝贵意见。

本调查涉及课堂教学及相关情况，恳请您用一些时间帮忙填答。本问卷实行匿名制，所有数据只用于统计分析和意见反馈，题目选项并无对错之分，请您按自己的实际情况填写。您的心声和诉求的真实表露，有可能让自己和全国千千万万的同行受益，让我们携手共同努力，创建美术学科专业发展的繁荣。

感谢您的付出！

第一部分 基本信息

1. 性别：A. 男　　B. 女
2. 年龄：A. 30岁及以下　　B. 31-40岁　　C. 41-50岁　　D. 50岁以上
3. 学历：A. 中专　　B. 专科　　C. 本科　　D. 研究生　　E. 其他
4. 教龄：A. 0-2年　　B. 3-7年　　C. 8-12年　　D. 13-20年　　E. 20年以上
5. 职称：A. 中教高级　　B. 中教一级/小教高级　　C. 中教二级/小教一级　　D. 中教三级/小教二级　　E. 其他
6. 是否受过教学奖励（表彰）（可多选）：A. 无　　B. 校级表彰　　C. 县/市级表彰　　D. 省级表彰　　E. 国家级表彰
7. 学校所在地：A. 城市　　B. 农村　　C. 城乡接合
8. 任教年级：A. 小学　　B. 初中　　C. 高中
9. 学校性质：A. 公办重点　　B. 公办一般　　C. 民办

第二部分 客观性问题

一、美术课程整体理解与表现

（一）美术课程性质、特征与核心素养

1. 您觉得在美术课程设计中，美术和文化的关系是？（答题者注意：下列为两套选项）

（1）教美术就是教文化　　　　　　（2）在广泛的文化情境中认识美术

A. 完全同意　　B. 同意　　C. 不确定　　D. 不同意

（3）美术课的重点是知识和技能　　（4）二者的关系在美术课上无法体现

A. 完全同意　　B. 同意　　C. 不确定　　D. 不同意

2. 在实际美术教学中，您会要求学生创造新的视觉形象。

A. 完全同意　　B. 同意　　C. 不确定　　D. 不同意

3. 在不同学习领域中，您了解教学方法与教学策略的区别。

A. 完全同意　　B. 同意　　C. 不确定　　D. 不同意

4. 请您尝试说出示范法在"造型·表现"领域和"欣赏·评述"领域的区别：_____。

(二) 美术课程理念

1. 当高年级学生在课堂上不愿意学习美术时，您会用各种策略提高他们的兴趣。（如：与生活相联系、改变教学方法、提供多样的美术材料等）

  A. 完全同意 B. 同意 C. 不确定 D. 不同意

2. 在组织美术课程的内容时，您会有意考虑将其与学生的生活体验相联系。（比如：在讲《清明上河图》时，让学生假扮画中的某个人，来体验宋代与今天的生活有何不同）

  A. 完全同意 B. 同意 C. 不确定 D. 不同意

3. 在课堂上，您曾有过忽略一部分学生的经历。

  A. 完全同意 B. 同意 C. 不确定 D. 不同意

4. 在您的日常教学设计中，培养学生创新能力（通过语言诱导学生进行创意联想或引导学生的动手创新实践）环节的时长一般为：

  A. 30分钟以上 B. 20-30分钟 C. 10到20分钟 D. 10分钟以内
E. 没想过

(三) 美术教学策略与实施

1. 在课堂上想促使学生掌握互补色的用法，您会用到的教学方法是：（单选）

  A. 自主探究 B. 讲授法 C. 小组探究 D. 示范
  E. 尝试法

2. 您愿意运用情景模拟的方式进行教学（比如：让学生模拟一场拍卖会来鉴赏艺术品）。

  A. 完全同意 B. 同意 C. 不确定 D. 不同意

3. 您会在一节课上制定多种教学策略（或作业要求），以满足不同能力层次的学生。

  A. 完全同意 B. 同意 C. 不确定 D. 不同意

二、造型·表现领域

(一) 造型知识与表现方法

1. 您在课堂绘画教学中，会根据需要让学生尝试使用多种纸材。（例如：素描纸、彩色卡纸、宣纸等）

  A. 完全同意 B. 同意 C. 不确定 D. 不同意

2. 您在教授绘画时，会引导学生学习不同的表现技法。（如水粉画的薄画法、厚画法；蜡笔画的油水分离等）

  A. 完全同意 B. 同意 C. 不确定 D. 不同意

3. 您在泥塑教学中，会向学生传授多种泥塑技法。（如捏、揉、搓、压、盘等）

  A. 完全同意 B. 同意 C. 不确定 D. 不同意

4. 您在线描教学中，会引导学生在画面中加入自己的创意。
   A. 完全同意　　　B. 同意　　　C. 不确定　　　D. 不同意

（二）经验拓展与兴趣培养

1. 在创作课中，您会引导学生拓展相关经验以开阔创作思路。（例如：在画秋天时，让学生用手做出树叶飘扬的动作）
   A. 完全同意　　　B. 同意　　　C. 不确定　　　D. 不同意

2. 在动漫画教学中，您会引导学生表达自己的情感和思想。
   A. 完全同意　　　B. 同意　　　C. 不确定　　　D. 不同意

3. 在"造型·表现"领域教学中，您会运用多种材料来激发学生的兴趣。（如刮蜡纸、黏土、树叶、废纸箱等）
   A. 完全同意　　　B. 同意　　　C. 不确定　　　D. 不同意

（三）造型与表现教学策略

1. 您在运用色彩进行"造型·表现"领域教学时，会先引导学生欣赏作品。
   A. 完全同意　　　B. 同意　　　C. 不确定　　　D. 不同意

2. 您在引导学生进行"造型·表现"领域的创作时，会以社会和生活中发生的事件为主题。（如：9·11恐怖袭击、环境保护、禁止校园暴力等）
   A. 完全同意　　　B. 同意　　　C. 不确定　　　D. 不同意

（四）造型示范与引导

1. 您在进行"造型·表现"领域教学示范前，会通过查找资料、主动练习等方式，探究示范的正确方法和程序，提高示范教学的质量。
   A. 完全同意　　　B. 同意　　　C. 不确定　　　D. 不同意

2. 在"造型·表现"领域教学中，您会运用计算机和多媒体技术。
   A. 完全同意　　　B. 同意　　　C. 不确定　　　D. 不同意

3. 您在示范时，能注意为学生留出创作的空间。
   A. 完全同意　　　B. 同意　　　C. 不确定　　　D. 不同意

4. 您在"造型·表现"领域的示范教学中，除面对全体学生进行示范教学之外，还会根据某些学生的特点，进行有针对性的示范。
   A. 完全同意　　　B. 同意　　　C. 不确定　　　D. 不同意

三、欣赏·评述领域

（一）欣赏方法与程序

1. 在进行欣赏课教学时，您会引导学生掌握"描述→分析→解释→评价作品"的欣赏程序。
   A. 完全同意　　　B. 同意　　　C. 不确定　　　D. 不同意

2. 您会引导学生进行探究式的美术欣赏。
   A. 完全同意　　　B. 同意　　　C. 不确定　　　D. 不同意

3. 在教学中，您主要会从哪些角度引导学生欣赏美术作品和分析美术现象：（多选）

□文化背景　　□社会历史背景　　□画面形式　　□绘画风格和流派　　□其他

（二）形式分析与内涵理解

1. 您在教学中会引导学生对美术作品进行形式分析吗？（如：点线面、黑白灰等）

  A. 总是　　　　　B. 经常　　　　　C. 偶尔　　　　　D. 从不

2. 在教学中，您会引导学生探究美术作品的主题和思想内涵。

  A. 完全同意　　　B. 同意　　　　　C. 不确定　　　　D. 不同意

3. 在教学中，您会把美术作品放在特定的风格和流派中解释。

  A. 完全同意　　　B. 同意　　　　　C. 不确定　　　　D. 不同意

（三）回应与表述

1. 您会引导学生采用以下哪些方式，表达对作品的认识和理解？（多选）

□语言　　　□文字　　　□肢体语言　　　□图形图像　　　□其他

2. 您会鼓励学生发表自己对美术作品的独特见解。

  A. 完全同意　　　B. 同意　　　　　C. 不确定　　　　D. 不同意

3. 您重视引导学生使用美术专业术语评述作品。（如互补色、明暗调子等）

  A. 完全同意　　　B. 同意　　　　　C. 不确定　　　　D. 不同意

（四）培养欣赏兴趣

1. 您认为引导学生欣赏以下哪些美术作品，更能激发学生学习兴趣？（请用数字按照效果从大到小排序）

□民间美术作品　　　　　　　□现当代艺术作品
□世界经典艺术作品　　　　　□摄影图片　　　□其他

2. 教学中您会采用以下哪些方式进行欣赏教学？（可多选）

□欣赏与表现相结合的方式
□转换角色，让学生当"小先生"的方式
□学生自主探究的方式　　　□其他

3. 在教学中，您会采用美术创作的方式辅助欣赏学习的教学。

  A. 完全同意　　　B. 同意　　　　　C. 不确定　　　　D. 不同意

四、"设计·应用"学习领域问卷问题

（一）设计与工艺的含义

1. 您能够明确区分设计和工艺的概念。

  A. 完全同意　　　B. 同意　　　　　C. 不确定　　　　D. 不同意

2. 您能够理解设计应用与生活的关系。

  A. 完全同意　　　B. 同意　　　　　C. 不确定　　　　D. 不同意

3. 您会有意识地引导学生理解设计应用与生活的关系。

  A. 完全同意　　　B. 同意　　　　　C. 不确定　　　　D. 不同意

4. 您能够明确区分设计及设计作品的功能与形式。

  A. 完全同意　　　B. 同意　　　　　C. 不确定　　　　D. 不同意

（二）设计与工艺的方法

1. 您通常在课堂上用以下哪些材料拓展学生兴趣？（多选）
   A. 纸材　　　　　B. 木材　　　　　C. 塑料　　　　　D. 陶泥
   E. 麦秆　　　　　F. 水粉/水彩　　　G. 麻绳　　　　　H. 其他

2. 在每个学期常规的课堂教学中，您会为学生提供几种不同的材料？
   A. 1-2种　　　　 B. 3-4种　　　　 C. 5-6种　　　　 D. 6种以上

3. 学生在进行设计时，您会要求他们以草图或模型的形式，呈现自己的创意构想。
   A. 完全同意　　　B. 同意　　　　　C. 不确定　　　　D. 不同意

4. 在设计与工艺教学中，您会选用多种技法引导和启发学生。
   A. 完全同意　　　B. 同意　　　　　C. 不确定　　　　D. 不同意

（三）设计意识与生活应用

1. 在"设计·应用"领域教学中，您会用欣赏优秀设计作品的方法激发学生的设计创意。
   A. 完全同意　　　B. 同意　　　　　C. 不确定　　　　D. 不同意

2. 课堂上您会组织学生自主谋划、构想并使用工具完成设计的整个过程。
   A. 完全同意　　　B. 同意　　　　　C. 不确定　　　　D. 不同意

3. 您会经常引导学生关注身边事物，发现问题并通过新的设计意图改进自己的作品。
   A. 完全同意　　　B. 同意　　　　　C. 不确定　　　　D. 不同意

（四）教学设计与实施

1. 您会主动设置问题情境，引导学生通过设计的方式解决问题。
   A. 完全同意　　　B. 同意　　　　　C. 不确定　　　　D. 不同意

2. 您会从以下哪些方面引导学生发现物品或环境中的缺陷和不足？（多选）
   A. 课堂环境　　　B. 学校环境　　　C. 家庭环境　　　D. 社区环境
   E. 社会环境

3. 在教学中，您会鼓励学生以合作的方式完成设计任务。
   A. 完全同意　　　B. 同意　　　　　C. 不确定　　　　D. 不同意

4. 在教学设计实施中，您会鼓励学生大胆展示作品，相互评价并给出改进建议。
   A. 完全同意　　　B. 同意　　　　　C. 不确定　　　　D. 不同意

5. 在"设计·应用"领域课堂教学中，您认为对于一节海报设计课，较为合适的教学重点是：（可多选）
   A. 学习海报设计的历史　　　　　B. 学习著名设计师案例
   C. 学习photoshop知识　　　　　 D. 学习设计元素间的形式美搭配
   E. 其他

五、综合·探索学习领域

（一）综合探索领域的含义与目的

1. 请举例说明，在《为学生办画展》一课中，能够使用到哪些美术知识技能？如何将其与其他学科、与社会生活相联系？（如，让学生使用美术和物理知识，设计画展照明系统）

_____

2. 如果让您的学生用所学过的美术知识、技能，装点自己的教室，您认为他们的表现将会：

　　A. 很出色　　　　B. 还不错　　　　C. 基本合格　　　　D. 不理想

（二）综合能力与探究精神培养

1. 您愿意让学生参与课堂活动设计。

　　A. 完全同意　　　B. 同意　　　　C. 不确定　　　　D. 不同意

2. 您能够经常让学生探索不同的作品发表形式，以此激发学生对美术学习的兴趣。

　　A. 完全同意　　　B. 同意　　　　C. 不确定　　　　D. 不同意

（三）学生的参与和表现

1. 您会经常以学生感兴趣的社会、文化议题（如社会热点、文化现象、经典戏剧等）为导向，吸引学生参与综合探索领域的学习。

　　A. 完全同意　　　B. 同意　　　　C. 不确定　　　　D. 不同意

2. 您曾用过的活动议题有：_____

3. 您经常引导学生以小组或个人的形式，完成美术综合探索的任务。

　　A. 完全同意　　　B. 同意　　　　C. 不确定　　　　D. 不同意

（四）综合探究活动的策划与组织

1. 您能引导学生从生活中发现问题，并用美术知识技能加以改善。（如：让学生设计、改善自己的座椅、校服）

　　A. 完全同意　　　B. 同意　　　　C. 不确定　　　　D. 不同意

2. 您能够经常以任务和兴趣为驱动，引导学生学习美术。

　　A. 完全同意　　　B. 同意　　　　C. 不确定　　　　D. 不同意

3. 您的学生经常从生活、学习中发现有意义的问题，并通过组织活动加以解决和探索。

　　A. 完全同意　　　B. 同意　　　　C. 不确定　　　　D. 不同意

六、美术学科素养与能力

（一）社会与文化理解

1. 您能够引导学生了解文化的含义。

　　A. 完全同意　　　B. 同意　　　　C. 不确定　　　　D. 不同意

2. 在教学中，您会有意提醒学生尊重文化多样性。

　　A. 完全同意　　　B. 同意　　　　C. 不确定　　　　D. 不同意

3. 您能引导学生了解中国传统文化的特点。
A. 完全同意　　　B. 同意　　　C. 不确定　　　D. 不同意

（二）学科教学相关知识

1. 您会经常利用业余时间阅读与美术专业相关的书籍。
A. 完全同意　　　B. 同意　　　C. 不确定　　　D. 不同意

2. 让您印象最深刻的美术教学相关书籍有：
_____

3. 您会主动学习教学中所需的信息技术、多媒体知识技能。
A. 完全同意　　　B. 同意　　　C. 不确定　　　D. 不同意

4. 您愿意主动学习、研究不同年龄段学生的身心特征。
A. 完全同意　　　B. 同意　　　C. 不确定　　　D. 不同意

（三）对课程标准的理解

1. 您经常抽时间深入了解并与同行讨论《义务教育美术课程标准（2011年版）》和所有涉及美术课标的文献资料，由此思考如何在教学中落实美术课程性质与理念。
A. 完全同意　　　B. 同意　　　C. 不确定　　　D. 不同意

（四）美术技能的完善与补充

1. 您已经掌握下列哪些美术技法：绘画、雕塑、设计、工艺、书法、篆刻、摄影摄像、电脑美术等（可写出具体的艺术门类，如：工笔、Photoshop等）
_____
_____

2. 在教学过程及活动中，您能结合装置艺术、数码艺术等现代艺术形式。
A. 完全同意　　　B. 同意　　　C. 不确定　　　D. 不同意

第三部分　开放型问题

1. 对于全国教师培训课程标准（美术）教师能力标准的研制和编写工作，您的建议或意见是？
_____
_____
_____
_____

2. 对于美术教师能力提升与专业发展，您的建议或意见是？
_____
_____
_____

为了保证资料的完整与翔实，请您再花一分钟，翻看一下自己填过的问卷，检查是否有填错、填漏的地方。衷心感谢！